W0032565

Bernadette Wörndl

Jetzt können die Gäste kommen

Bernadette Wörndl

Jetzt können die Gäste kommen

24 raffinierte Menüs für entspannte Gastgeber

CHRISTIAN

Danke

Danke an all die lieben Menschen, die mich während der Entstehungsphase dieses Buches tatkräftigst mit viel Ehrgeiz sowie guter Laune unterstützt und mich an besonders arbeitsreichen Tagen zum Weitermachen angefeuert haben – ohne Euch wäre mein erstes Buch nicht geworden, was es jetzt ist.

Christine, ohne Dich und Dein wahnsinnig schönes Studio wären die unzähligen Fotoshootings niemals möglich gewesen. Danke für Deine Geduld und Deine Liebenswürdigkeit während einer sehr intensiven Zeit. *www.weinper.at*

Danke an **Decor@rtist** für die vielen wunderschön gedeckten Tische, Eure kreativen Inputs und Eure Liebe zum Detail. **Viktoria**, ohne Dich würde garantiert ein Stück der guten Stimmung fehlen! *www.decorartist.at*

Tausend Dank an **Michi**, **Simon**, **Christian**, **Flo**, **Sophie**, **Suniva**, **Ruben**, **Manu**, **Jan**, **Thomas** und vor allem **Kristina**. Ohne Euch würden viele lustige und bunte Gesichter, die sich vor Freude und Spaß zerkugeln, fehlen. Danke für Eure Zeit, die vielen guten Ideen und vor allem Euer Durchhaltevermögen beim vielen Hahaha und Hihihi!

Danke **Susanne**, für eine fantastische Zusammenarbeit, deinen Ehrgeiz, des Lichts wegen auch bei Wind und Regen durch die Linse schauen zu wollen, Dein Engagement, nach dem tausendsten Foto noch viele Male mehr abdrücken zu wollen, sowie Deine Geduld, die ich mehr als einmal auf die Probe gestellt habe. Du bist die Beste!

Danke **Manu**, für Dein lebendiges, kunstvoll gestaltetes Layout mit all den kleinen Details, die unser beider Werk zum Glänzen gebracht haben. Deine Kraft, Deinen Elan und deine Begeisterung, die Du tagtäglich und unermüdlich in unser Projekt gesteckt hast, wird jeder spüren.

Vielen Dank an das gesammelte Team vom **Christian Verlag**. Besonders an **Florentine Schwabbauer**, die an dieses Buch geglaubt hat und es möglich machte. Sie hat stets mit einem guten Händchen im Hintergrund die Fäden gezogen und aus einem ungeformten Stein einen Diamanten geschliffen. Danke für Ihr Vertrauen und für die Chance, einer Jung-Autorin ein erstes Buch zu ermöglichen.

Danke **Bettina Snowdon**, der besten Kochbuchredakteurin der Welt, die dieses Projekt schließich zum Erblühen gebracht hat. Danke, dass Sie Struktur und Klarheit an den Tag gebracht und mich zu jeder Tages- und Nachtzeit unterstützt haben. Ihr genaues Auge, die vielen guten Ideen und das gemeinsame Durchkämmen der Texte haben mir das Leben gerettet.

Danke **Simon** für Deine ellbogentiefe Unterstützung während arbeitsreicher Tage und Nächte, dass Du mir bei zahlreichen Shootings stets zur Seite gestanden hast und mit so viel Spaß, Unterhaltung und Humor dabei warst. Danke, dass Du immer für mich da bist und mich liebst, auch wenn ich ganz oft eine richtige Zicke sein kann.

Danke **Nathalie** für Deine lieben Worte, Dein unendlich wertvolles Feedback und Deine Hilfe, mit mir zusammen alle Menüs bis ins Detail zu hinterfragen und zu entwirren. Danke für die Chance und Dein Vertrauen in mich, durch das mein Traum vom Kochen verwirklicht wurde und ich bestimmt einige Zentimeter gewachsen bin.

Danke an all jene, die an mich geglaubt haben und es immer tun werden – besonders meiner **Oma**, der besten Köchen auf Himmel und Erden – ohne die ich nicht die wäre, die ich bin, und Strudelteig ziehen könnte ich wahrscheinlich nur halb so gut wie jetzt! Es lebe das herzhafteste Lachen, das man je gehört hat – es lebe die Nadel im Heuhaufen!

Danke **Mama** und **Wolfgang**, dass Ihr immer und einfach für mich da seid, egal in welcher Lebensphase ich mich gerade befinde.

Inhaltsverzeichnis

Liebe Bernadette!

Nun glauben alle, dies sei Dein erstes Kochbuch und freuen sich – zu Recht – darüber. Dabei schreibst Du schon, seit ich Dich kenne, und vermutlich noch viel länger täglich an einem oder mehreren Kochbüchern. Da ist zum Beispiel das dicke Buch mit dem pinkfarbenen Filzeinband, das aus unserer Babette's Küche nicht mehr wegzudenken ist. Darin viele lose Zettel mit einer zufälligen Idee, einem besonderen Menü für ein Event, ein paar Zeichnungen mit Ideen zum Anrichten oder für die Tischdeko. Da stehen sie geschrieben, all die erdachten, ausprobierten und viel gelobten Rezepte der Babette's Wochenkarten der letzten fünf Jahre – jede einzelne ein Unikat, und jede einzelne Dein Werk. Respekt!

Seit ich Dich kenne, bewundere ich die Hingabe und Begeisterung, mit der Du frei von Konventionen klassische Küchenweisheiten mit einer Portion Schrägheit verfeinerst, gewohnte und neue Produkte gleichermaßen liebevoll erforschst und verarbeitest, jede kulinarische Entwicklung aufgreifst und in Deine Töpfe fließen lässt und tagein, tagaus Deine Gäste nicht nur mit Deinen Gerichten, sondern auch mit Deiner guten Laune und Deinem charmanten Wesen glücklich machst.

Für mich ist Dein erstes Kochbuch zwar nur ein Ausschnitt, aber auch eine Verdichtung Deiner unerschöpflichen Kreativität, Deiner Liebe zum guten Essen sowie Deiner intuitiven kulinarischen Kompetenz gepaart mit viel Wissen und Erfahrung. Und eigentlich (darf ich Deinen Lesern dieses Geheimnis verraten?) ist dieses Buch eine Essenz Deiner Fröhlichkeit. Denn wenn, wie bei Dir, der Spaß am Kochen und Gastgeben jeden Schritt von der Menüplanung bis zum letzten liebevoll drapierten Kräutlein beherrscht, dann können die Gäste wirklich kommen! Und sie werden nach dem gelungenen Mahl mehr als glücklich wieder gehen.

Auf die nächsten Feste und all die glücklichen Gäste!
Deine Nathalie

Nathalie Pernstich, Inhaberin von »Babette's Spice and Books for Cooks«

Leidenschaft fürs Kochen

Seit 2005 werke und wirke ich bereits in der Küche des Babette's, einem kleinen Kochbuchladen in Wien, in dem sich alles um Essen, Kochen, Gewürze und Genießen dreht. Hier habe ich viel Wissen und Erfahrung erlangt und darf kreieren und zaubern, was mein Herz begehrt.

Bei der Fülle an Kochbüchern im Laden mangelt es durchaus nicht an Inspiration. Für Grundrezepte vertrauen wir auf die Bücher großer Meister, für Kreationen im Zeitgeist konsultieren wir mit Neugier Werke kulinarischer Aufsteiger. Am wichtigsten aber ist mir die Entwicklung meines eigenen Stils, bei dem ich frei nach meinem Geschmack gewohnte und weniger bekannte kulinarische Elemente auf innovative und überraschende Weise kombiniere. Traditionelles interpretiere ich gerne neu, um Geschmäckern, Gewürzen sowie Kochtechniken aus verschiedenen Ländern eine neue Note zu geben. Farben und Formen spielen eine wichtige Rolle in meinen Menüs. Für die kalifornische Sonnenküche, von der ich bei mehreren Reisen dorthin angesteckt wurde, habe ich einen ganz besonderen »soft spot«.

Ein Praktikum in der »Chez Panisse«-Küche von Slow-Food-Vizepräsidentin Alice Waters hat dies noch verstärkt und mir gezeigt, dass ein Gericht durch Einfachheit in Verbindung mit frischen, saisonalen Produkten punktet: Kochen nach den Jahreszeiten mit Produkten aus der unmittelbaren Umgebung, am liebsten von kleinen Betrieben und Bauern, die ihr Obst und Gemüse noch zu schätzen wissen. Zugegeben, manchmal fällt es mir schwer, auf Avocados und Meeresfische verzichten zu müssen – da mache ich dann schon mal die eine oder andere Ausnahme.

Babette's Küche
Die offene Küche mitten im Laden, die nur durch eine Bar abgetrennt ist, erlaubt es den Gästen, mir täglich in die Töpfe zu schauen, ihre Wünsche für die Zubereitung zu äußern oder das eine oder andere Rezept mit mir auszutauschen. Sieben Plätze gibt es an der Bar, vier weitere an einem Tisch inmitten unzähliger Kochbücher und zwei an einem kleinen Kaffeehaustisch, den man z. B. für ein lauschiges Mittagessen zu zweit nutzen kann.

Die Schöpferin dieser schönen Geschäftsidee ist Nathalie Pernstich, die mit Babette's einen Ort für kochbegeisterte und Ruhe suchende Genussmenschen schaffte. Im Jahr 2008 öffnete ein zweites Babette's seine Türen, in dem es um den Schwerpunkt Gewürze, Gewürzmischungen, Salze und vor allem Pfeffer geht. Dort entwickelt das Team von Babette's stets neue Mischungen, die vor Ort gemischt, gemahlen und (mittlerweile auch online) verkauft werden. Einige dieser Mischungen werden Sie in diesem Buch kennenlernen. Sie können sie anschließend ganz praktisch über den Onlineshop *shop.babettes.at/de* bestellen. Natürlich sind diese Mischungen auch fixer Bestandteil meiner Küche (und zwar nicht nur die, die ich selber gemischt habe) und ein Teil meiner Küchengeheimnisse.

Gute Vorbereitung ist wichtig …
Viele Stammgäste von Babette's nehmen sich die Zeit, in Ruhe ihr Mittagessen zu genießen, andere stehen unter Zeitdruck, wollen aber trotzdem ein »richtiges« Mittagessen genießen. Also muss es immer schnell gehen. Deshalb gestalte ich meine wöchentlich wechselnde Karte so, dass jedes Gericht entweder schon fast oder ganz fertig ist oder wirklich nur noch ein paar Minuten zur Fertigstellung braucht. Gute Vorbereitung ist das A und O in der Küche. Wenn Gemüse schon gewaschen, geschnitten und blanchiert ist, braucht es in der Pfanne nur noch ein paar Minuten. Kurz gegrilltes Fleisch oder pochierter Fisch sind ebenfalls nach kurzer Zeit fertig. Suppen, Ragouts und Curries machen Koch und Köchin das Leben leichter. Sie sind gut vorzubereiten, kochen sich quasi von alleine und schmecken am nächsten Tag noch besser!

Genauso wichtig ist die Organisation in der Küche. Es sollten nicht zu viele Töpfe gleichzeitig auf dem Herd stehen. Einfacher ist es, ein, zwei Gerichte im Backofen fertig zu garen. So verliert man nicht so schnell den Überblick und hat Platz in der Küche. Denn auch der Platz ist ein wichtiges Kriterium beim Kochen. Stehen alle Zutaten übersichtlich auf ihren Plätzen, braucht es nur noch ein paar Handgriffe, um das Gericht fertig zu kochen.

... entspannte Gastgeber auch

Wenn ich Gäste habe, liebe ich es, den halben Vormittag mit meinen Einkäufen zu verbringen, alles zu kosten und das neueste Marktgemüse zu entdecken. Den Nachmittag zelebriere ich mit Vorbereitungen ohne Stress und Hektik. Das bringt mich auf den Boden und wirkt richtig entspannend. Ich freue mich, für meine Gäste und mich ein schönes Essen zuzubereiten und einen lustigen und genussvollen Abend verbringen zu können. Es gibt fast nichts Schöneres! Doch auch, wenn nicht viel Zeit bleibt, möchte man oft mit Freunden und Verwandten ein Essen in netter Runde genießen. Dann ist eine ausgedehnte Jause, ein Brunch oder einfach ein Teller Pasta mit Olivenöl und Kräutern das Richtige.

Manche Rezepte können erschummelt, genauso gut aber akribisch ausgeführt werden

Ob Sie Ihre Pasta kaufen oder den Teig selbst kneten und durch eine Nudelmaschine drehen, ist Ihnen überlassen. Die zweite Variante schmeckt natürlich viel besser, und das viele Lob, das man in diesem Fall bekommt, tut jedem gut. Eine solch zeitintensive Vorarbeit ist natürlich nicht immer möglich. Aber es gibt einige Ideen und Tricks, wie Sie mit guter Vorbereitung die Nerven behalten und ohne Stress einen gemütlichen Abend in netter Runde verbringen können. Wichtig ist, dass man den Bogen nicht überspannt, denn auch mit leichter Spannung trifft man den Pfeil meistens ins Schwarze. Also: Seien Sie mit ihrem Essen immer zufrieden und entschuldigen Sie sich nicht, dass der Fisch zu durch oder die Suppe zu kalt ist. Geht es doch darum, einen schönen Abend mit Freunden und Familie zu genießen.

So gestaltet sich dieses Buch ...

Die meisten Rezepte in diesem Buch sind perfekt vorzubereiten oder brauchen wirklich nur ganz wenig Zeit. Aber auch diejenigen, die sich einmal so richtig mit viel Zeit und Muße in der Küche austoben und ihren Gästen zeigen wollen, was sie drauf haben, kommen auf ihre Kosten! Die Mischung macht's! Deshalb gibt es in diesem Buch Rezepte, die sich fast von alleine kochen, und andere, die etwas mehr Aufmerksamkeit benötigen – je nach Lust und Laune des Kochs.

Kochen nach Saison

Jedem Monat ist ein kleines Dreigänge- und ein größeres Fünfgängemenü gewidmet. Alle Menüs sind auf das Angebot der jeweiligen Saison ausgerichtet. Natürlich kann der Reifegrad einer Frucht oder eines Gemüses von Jahr zu Jahr variieren. Das liegt in den Händen der Natur, an der unvorhersehbaren Witterung. Deshalb sollten Sie stets beobachten, welche Produkte schon Saison haben. Schauen Sie sich auf Märkten um und informieren Sie sich aufmerksam über das Herkunftsland von Obst und Gemüse im Supermarkt.

Der Schlüssel zu gutem Essen sind gute Produkte. Achten Sie dabei darauf, solche Zutaten auszuwählen, die gerade Saison haben. Verzichten Sie auf Tomaten im Winter, Erdbeeren zu Weihnachten oder Spargel zu Silvester. Sie werden feststellen, dass der Geschmack ohnehin nicht derselbe ist wie zur Saison, Sie eine Menge Geld für schlechte Ware ausgegeben haben und obendrein Ihr Gemüse aus fernen Ländern stammt. Kaufen Sie lieber von Bauern aus der Umgebung erntefrische Produkte, die gerade reif geworden oder gute Lagerware sind. So schonen Sie Ihren Geldbeutel, unterstützen die kleinen heimischen Betriebe und helfen außerdem dabei, eine Menge Treibstoff zu sparen. Es muss auch nicht immer »Bio«-Ware sein. Oft sind Produkte von kleinen Betrieben gar nicht als Bio-Ware zertifiziert, aber tatsächlich besser als die Importware.

Exotische Früchte oder Meeresfische im Ausnahmefall zu kaufen, ist auch in Ordnung, denke ich. Sie sollten aber ein Luxus bleiben und ganz sicher nicht die heimischen Obst- und Gemüsesorten oder Fischbestände verdrängen.

So sparen Sie Zeit und Stress

Sparen Sie keinesfalls an der Qualität Ihres Essens, sondern minimieren Sie lieber Ihre Zutatenliste. Manchmal ist weniger mehr, und das gilt auch beim Kochen, Anrichten und Essen! Ziel ist es, dass Sie mit Ihren Gästen in Ruhe und ohne Stress und Eile gemeinsam essen.

Das Geheimnis liegt in der Vorbereitung, und dabei hilft Ihnen dieses Buch: Die Rezepte sind so konzipiert, dass Sie einen großen Teil schon vorbereiten können, manches sogar schon einige Tage vorher. Kurz bevor die Gäste kommen oder wenn sie schon da sind, müssen Sie nur noch einen geringen Teil der Arbeit leisten. Deshalb sind die Rezepte auch nicht, wie Sie es vielleicht kennen, nach Arbeitsschritten aufgeteilt, sondern nach der Möglichkeit der Vorbereitung. Die angegebene Arbeitszeit gibt Ihnen eine Orientierung, wie lange Sie dafür tatsächlich in der Küche stehen müssen. Lesen Sie sich die Rezepte am besten schon ein paar Tage vor Ihrer Einladung durch, dann werden Sie schnell feststellen, wie Sie die Vorbereitung über die folgenden Tage verteilen können, wann immer Ihnen danach ist und die Zeit es zulässt. Vielleicht schreiben Sie sich einen Arbeitsplan, um späteren Stress in der Küche zu vermeiden. Kochen Sie also so viel wie möglich schon am Vortag oder bereiten Sie einige Dinge schon zwei bis drei Tage vorher zu. Stellen Sie sich alle Zutaten, die sie brauchen, bereit. Wenn Sie alle fünf Gänge kochen, lassen Sie bei mindestens einem, wenn nicht zwei Gerichten die Beilagen weg oder machen Sie nur ganz kleine Portionen, damit Ihre Gäste nicht schon vor dem Dessert aufgeben müssen.

Es muss nicht immer alles fertig sein, wenn die Gäste kommen. Oft ist es lustig, gemeinsam ein Abendessen fertigzustellen und viele Leute freuen sich darüber, bei den letzten Handgriffen dabei zu sein, um noch ein paar Tipps und Rezepte zu erhaschen. Reichen Sie dazu einen Aperitif und lassen Sie sich auf keinen Fall aus der Ruhe bringen! Oft ist es ratsam, einfach alles auf den Tisch zu stellen und jeder bedient sich selbst. Das kommt ganz auf den Anlass und die Situation an. Letztendlich bestimmen Sie, was angemessen ist, denn Sie sind der Gastgeber!

Kreative Menüplanung

Ich werde oft gefragt, welche Gerichte am besten harmonieren und in welcher Reihenfolge diese serviert werden sollen. Versuchen Sie, bei jedem Gang veschiedene Garmethoden anzuwenden. Das bringt unterschiedliche Geschmacksrichtungen, Farben und Konsistenzen auf den Teller und ermöglicht es Ihnen, die Küche besser zu organisieren.

Mit den folgenden Vorschlägen möchte ich eine Idee vermitteln, wie solche Menüs aussehen können. Auf keinen Fall möchte ich, dass Sie glauben, sich akribisch daran halten zu müssen. Alle Menüs in diesem Buch können nach Ihrer Inspiration und nach Marktangebot querbeet gemixt und kombiniert werden. Tauschen Sie Gänge, Reihenfolge oder Zutaten nach Lust und Laune aus und finden Sie ihren eigenen Geschmack!

Meine Rezepte sollen dazu animieren, selbst kreativ zu werden, ein Gefühl für Lebensmittel zu bekommen, um sie nach eigenem Gusto zu kombinieren und zu variieren. Oft heißt es: »Kochen Sie nie etwas für Gäste, das Sie nicht schon einmal ausprobiert haben.«

Ich sage:

»Stürzen Sie sich in das Vergnügen und probieren Sie aus. Das macht Spaß!«

Frühling

Jetzt sagen wir der Wintermelancholie Ade und freuen uns auf das erste frische Grün. Neben Spinat starten frische Kräuter wie Kerbel und Bärlauch in die Saison. Rhabarber und Frühkartoffeln steigern die Lust auf leichtere Gerichte mit viel Salat und Gemüse. Und wenn erst die mit Beeren überfluteten Erdbeerfelder locken, dann wird Schlemmen großgeschrieben.

Mein Tipp:
Hier gilt: »Jeder ist seines Glückes Schmied.« Lassen Sie jeden Gast seine eigene Reispapierrolle zubereiten. Das macht Spaß und jeder kann seine Lieblingsfüllung selbst auswählen.

Dreigängemenü: Vorspeise

Reispapierrollen mit Flusskrebsen & Chili-Ingwer-Dip

Diese herrlich frische Vorspeise lässt sich gut vorbereiten und ist das ideale Fingerfood! Auch andere Füllungen eignen sich für die Rollen: Probieren Sie es mit fein geschnittenen Hähnchenstreifen, Karotten- oder Rettichstiften, Paprikastreifen, Zuckererbsen oder einer ganz anderen Variante mit 150 g Räucherforelle, Apfel, Meerrettich und Salat. Wie immer sind der Fantasie keine Grenzen gesetzt.

Arbeitszeit: etwa 30 Minuten
Schwierigkeitsgrad: mittel
Menge: 4–6 Portionen

- 50 g feine Vermicelli (Reisnudeln)
- 1 EL Sojasauce
- 1 EL Sesamöl
- 8–12 Korianderstängel
- 8–12 Minzblättchen
- 1 Salatgurke
- 1 Mango
- 1 Avocado
- 8 Salatblätter
- 8 runde Reispapierblätter plus einige als Ersatz
- 15–20 Flusskrebse
- 2 EL grob gehackte Erdnüsse

Für den Chili-Ingwer-Dip:

- ½ Chilischote
- 1–2 TL geriebener Ingwer
- 3 EL Sojasauce
- Saft von 1 Limette
- 1 TL Sesam
- 1 EL fein gehackter Koriander
- einige Spritzer Reisessig
- 1 EL Erdnussöl
- 1 TL brauner Zucker
- 1 EL fein gehackte Erdnüsse

Vorbereiten: Die Vermicelli für 10 Minuten in warmem Wasser einweichen, dann in einem Sieb abtropfen lassen, kalt abspülen und mit Sesamöl und Sojasauce würzen. Koriander und Minze waschen, fein hacken und unter die Vermicelli mischen. Gurke schälen, entkernen und in etwa 5 Millimeter dicke Streifen schneiden. Mango und Avocado schälen und ebenfalls in Streifen schneiden. Salat waschen und abtropfen lassen. Die Reispapierblätter einzeln in kaltem Wasser je 30 Sekunden einweichen. Nebeneinander auf feuchten Küchentüchern ausbreiten. Ein Reispapierblatt auf die Arbeitsfläche legen und auf dem unteren Drittel jeweils 3–4 Flusskrebse, einige marinierte Vermicelli, je 1–2 Gurken- und Mangostifte, ein Stück Avocado und etwas von den Erdnüssen verteilen. Zum Schluss ein Salatblatt aufrollen und darauflegen. Reisblatt auf beiden Seiten einklappen und zu einer festen Rolle formen. Eventuell ein zweites Reisblatt darumrollen, falls das erste Blatt reißt oder die Füllung herausquillt. Keine Angst, Übung macht den Meister! Mit den anderen Reisblättern ebenso verfahren. Die Rollen mit einem feuchten Küchentuch bedecken und mit Frischhaltefolie abgedeckt bis zu einen Tag kühl lagern.

Für den Dip die Chilischote waschen, von Samen und Scheidewänden befreien, fein hacken, mit den restlichen Zutaten vermischen und abschmecken.

Wenn die Gäste da sind: Die Reispapierrollen in jeweils vier Stücke schneiden und mit dem Dip servieren.

Dreigängemenü: Hauptspeise

Limetten-Kalbsblanquette mit Kokosmilch & Korianderspätzle

Arbeitszeit: 30–40 Minuten
Schwierigkeitsgrad: mittel
Menge: 4–6 Portionen

1 kg Kalbfleisch (Brust oder Schulter), in 3 cm großen Würfeln
2 EL Sesam- oder Erdnussöl
300 ml trockener Weißwein
1 l Gemüsebrühe
1 Sternanis
1 Scheibe Ingwer
2 Gewürznelken
1–2 Kaffirlimettenblätter nach Belieben
Saft und abgeriebene Schale von 3 Bio-Limetten
50 g eingelegter grüner Pfeffer
2 EL kleine Kapernäpfel
500 ml Kokosmilch
3–4 Stangen Sellerie
1–2 TL Maisstärke zum Binden nach Bedarf

Für die Spätzle:
1 Bund Koriander
5 Eier
500 g Weizenmehl Typ 405
1 EL Öl
150–200 ml Mineralwasser
1 Prise frisch gemahlene Muskatnuss
etwas Butter zum Schwenken
Salz

Eine Blanquette ist ein weißes Ragout aus Kalb, Huhn oder Kaninchen. Das Fleisch wird meistens in einer Gemüsebrühe mit etwas Weißwein gegart und zum Schluss mit Sahne und Mehl gebunden. Meine Version mit Kokosmilch, die einen Hauch von Asia mitbringt, ist eine etwas leichtere Variante.

Vorbereiten: Backofen auf 150 °C vorheizen. Sesam- oder Erdnussöl in einem Schmortopf erhitzen und das Kalbfleisch 1–2 Minuten darin anbraten, aber nicht braun werden lassen. Mit dem Weißwein ablöschen und der Gemüsebrühe aufgießen. Gewürze, Saft und abgeriebene Schale der Limetten, grünen Pfeffer, Kapernäpfel und Kokosmilch zum Kalbfleisch geben und kurz aufkochen lassen. In den Ofen stellen und 1½ Stunden schmoren.

In der Zwischenzeit Stangensellerie schälen, in feine Scheiben schneiden und im fertigen Ragout 2–3 Minuten bissfest garen. Wenn nötig, die Blanquette mit in Wasser angerührter Maisstärke binden.

Für die Spätzle Koriander samt Stängel waschen und zusammen mit den Eiern pürieren. Mit Mehl, Öl, Mineralwasser und Muskat vermengen und mit einem Kochlöffel mit Loch zu einem geschmeidigen Teig schlagen, bis er Blasen wirft und langsam und zäh vom Löffel fällt, ohne zu reißen. Andernfalls noch etwas Wasser oder Mehl dazugeben. Einen großen Topf mit Wasser und reichlich Salz zum Kochen bringen. Eine Schüssel und ein Sieb bereitstellen. Sobald das Wasser kocht, etwas Teig in die Spätzlepresse geben und in das kochende Wasser drücken. Wenn die Spätzle an die Wasseroberfläche kommen, mit dem Schaumlöffel aus dem Wasser heben und rasch mit kaltem Wasser abschrecken. Im Sieb abtropfen lassen und etwas Öl untermengen, damit sie später nicht kleben. Werden die Spätzle sofort serviert, müssen Sie sie nur abtropfen lassen.

Wenn die Gäste da sind: Blanquette aufwärmen. Etwas Butter in einer Pfanne schmelzen und die Spätzle darin schwenken oder nach Belieben leicht anbraten und zusammen mit der Blanquette anrichten.

Dreigängemenü: Dessert

Matcha-Grüntee-Pudding mit Kumquat-Kompott

Matcha heißt übersetzt »gemahlener Tee« und ist ein zu feinstem Pulver vermahlener Grüntee, der für die japanische Teezeremonie verwendet wird. Man bekommt ihn in Asia- oder Teeläden. Über Jahrhunderte war er ein wohlbehüteter Schatz des Hochadels. Nur Auserwählte durften davon kosten. Matcha hat eine intensiv grüne Farbe und schmeckt leicht herb mit lieblich-süßlichen Komponenten. Eine gekühlte Matcha-Soja-Latte ist das perfekte Erfrischungsgetränk für heiße Tage und an klirrend kalten vertreibt die heiße Variante trübe Stimmung. Matcha stammt von der Tencha-Teepflanze, die im Gegensatz zu der weit bekannteren Sencha-Pflanze ein fleischigeres Blatt hat, aber sehr viel intensiver schmeckt. Das rührt unter anderem von der vierwöchigen Beschattung der Teefelder her. Durch den Lichtentzug wird mehr Chlorophyll im Blatt produziert, der Tee wird grüner und schmeckt kräftiger. Außerdem enthält er mehr Aminosäuren als normaler Grüntee. Energiekick inklusive! Dieser Grünteepudding ist meine Anlehnung an dieses edle Getränk.

Arbeitszeit: 15–25 Minuten
Schwierigkeitsgrad: leicht
Menge: 4–6 Portionen

Für den Pudding:
- 5 Blätter Gelatine
- 2 TL Grünteepulver (Matcha Green Tee)
- 80 g Zucker
- 500 ml Sojamilch
- ½ Vanilleschote

Für das Kompott:
- 110 g Kumquats
- 50 g Zucker
- 100 ml Orangensaft
- etwas frisch geriebener Ingwer
- 1 Schuss Grand Manier

Vorbereiten: Gelatineblätter etwa 10 Minuten in kaltem Wasser einweichen. Grünteepulver und Zucker mit dem Schneebesen glatt rühren. Die Sojamilch mit der längs aufgeschlitzten Vanilleschote erwärmen und 10 Minuten ziehen lassen. Gelatine in der noch warmen Milch auflösen. 2 Esslöffel der Milch mit dem Grünteepulver möglichst glatt rühren, dann nach und nach die restliche Milch dazugeben und mit dem Schneebesen verquirlen. Eventuell durch ein Sieb seihen. In 4–6 Gläser, Tassen oder Schälchen füllen und für mindestens 3 Stunden kalt stellen.

Für das Kompott die Kumquats heiß abwaschen und kurz in kochendem Wasser blanchieren. Dann in Ringe schneiden, dabei die Kerne entfernen. Den Zucker in einem Topf bei schwacher Hitze auflösen. Kumquats und Orangensaft dazugegeben und so lange kochen, bis sich der Zucker wieder aufgelöst hat. Das Kompott mit Ingwer würzen und mit einem Schuss Grand Marnier abschmecken.

Wenn die Gäste da sind: Kumquat-Kompott auf dem Matcha-Grüntee-Pudding anrichten.

Mein Tipp:

Auch Muffinformen eignen sich sehr gut für dieses Brot. Es ist dann in 15–20 Minuten gebacken. Statt Sojabohnen können Sie für das Brot auch tiefgekühlte Erbsen verwenden.

Arbeitszeit: 15–20 Minuten
Schwierigkeitsgrad: leicht
Menge: 4–6 Portionen

Für die Suppe:
- ½ Chilischote
- 150 g Cashewkerne
- 400 ml Kokosmilch
- 50 g Sesam, Salz
- je ½ TL Fenchel-, Kreuzkümmel- und Koriandersamen oder 1 ½ TL Curry
- Brühe nach Belieben

Für das Brot:
- ½ Bund Koriander
- 100 g TK-Sojabohnen
- 150 g Weizenmehl
- 2 TL Backpulver
- 50 g Sesam, 1 TL Salz
- 1–2 TL Brotgewürz, Panch Phoron oder Curry
- 2 Eier
- 100–150 ml Buttermilch
- 100 ml Olivenöl

Zum Garnieren:
- etwas Sesamöl
- 2 Handvoll Alfalfasprossen, Sojasprossen oder Kresse
- 2 EL fein gehackte Cashewkerne

Fünfgängemenü: Suppe

Cashew-Sesam-Suppe mit Sprossen & Sojabrot

Kann eine Suppe wirklich so einfach und schnell gelingen? Probieren Sie es aus, Sie werden begeistert sein! Mit ein paar Gemüsestreifen, Hühnerfleisch oder Fisch wird zusammen mit Basmatireis ein schnelles Hauptgericht daraus.

Vorbereiten: Für die Suppe Chilichote waschen, Samen und Scheidewände entfernen und die Schote mit Cashewkernen, Kokosmilch, Sesam, Salz und Gewürzen für die Suppe fein pürieren. Die Suppe in einem Topf erwärmen und Brühe zugeben, bis die gewünschte Konsistenz erreicht ist.

Bis zu 3 Stunden vorher: Für das Brot den Backofen auf 180 °C vorheizen. Koriander waschen und mit den Stängeln hacken. Sojabohnen für das Brot leicht antauen lassen und mit Mehl, Backpulver, Sesam, Salz, Gewürzen und Koriander in einer Schüssel vermengen. Eier, Buttermilch und Öl in einer zweiten Schüssel mischen und unter die Mehlmischung rühren. Den Teig in eine mit Backpapier ausgelegte Kastenform füllen und 20–25 Minuten backen.

Wenn die Gäste da sind: Suppe aufwärmen, dabei immer wieder umrühren, damit sie nicht ansetzt. In Suppentassen anrichten, mit etwas Sesamöl beträufeln, mit den Sprossen garnieren und den Cashewkernen bestreuen. Zusammen mit dem Sojabrot servieren.

Mein Tipp:

Alternativ kann man die Taschen wie Wan Tans dämpfen oder in heißer Brühe pochieren. Wan-Tan-Blätter bekommen Sie im Asia-Laden.

Fünfgängemenü: Vorspeise

Pot Stickers mit Soja-Chili-Dip

Pot Stickers sind chinesische Teigtaschen, die nicht nur gedämpft, sondern auch gebraten werden. Sie können gut eingefroren und bei Bedarf sofort im gefrorenen Zustand gebraten werden. Daher kann die Vorbereitung schon einige Tage im Voraus geschehen. Nach Lust und Laune füllt man sie mit Huhn, Schwein, Tofu oder Gemüse.

Arbeitszeit: 30–40 Minuten
Schwierigkeitsgrad: anspruchsvoll
Menge: 4–6 Portionen

- 3–4 Shiitake- oder andere Pilze
- 20 g Bambussprossen
- 1 Handvoll Chinakohl
- 1 kleiner Pak Choi oder Mangold
- 1 Karotte
- 2 Frühlingszwiebeln
- 2 Knoblauchzehen
- ½ Bund Koriander
- 1 Stück Ingwer (1 cm)
- ¼ TL Salz
- 250 g gehacktes Schweine- oder Hühnerfleisch oder Tofu
- 1 EL Sojasauce
- 1 Packung runde Wan-Tan- oder Gyoza-Blätter
- 2 EL Pflanzenöl zum Braten
- 1 TL Sesamöl
- 125 ml Brühe oder Wasser

Für den Dip:

- ½ Chilischote
- einige Korianderstängel
- ½ Frühlingszwiebel
- 4 EL Sojasauce
- 1 TL Sesamöl
- 1 EL Reisessig
- 2 TL geriebener Ingwer

Vorbereiten: Für den Dip Chilischote waschen, Samen und Scheidewände entfernen und die Schote fein hacken. Korianderblättchen und Frühlingszwiebeln waschen und fein hacken. Alle Zutaten vermengen und im Kühlschrank bis zu einer Woche aufbewahren.

Für die Füllung Pilze putzen und mit Bambussprossen in feine Streifen schneiden. Chinakohl und Pak Choi bzw. Mangold waschen, in feine Streifen schneiden, salzen, 10 Minuten durchziehen lassen und anschließend das Wasser ausdrücken. Karotte schälen und reiben. Frühlingszwiebeln waschen und in Ringe schneiden. Knoblauch schälen und mit dem Koriander hacken. Ingwer schälen und fein reiben. Alle Zutaten zusammen mit Salz, Fleisch oder Tofu und Sojasauce gut durchkneten.

Einige Wan-Tan- oder Gyoza-Blätter auf die Arbeitsfläche legen. Auf die Hälfte jedes Teigblatts 1 Teelöffel der Füllung geben. Mit angefeuchteten Fingern um die Hälfte des Randes fahren, das Blatt um die Füllung klappen und die Ränder fest andrücken. Dann die Ränder in Falten legen. Taschen entweder einfrieren oder sofort weiterverarbeiten.

30 Minuten vorher: Eine beschichtete Pfanne stark erhitzen. Pflanzen- und Sesamöl hineingeben und auf mittlere Hitze reduzieren. Die Taschen (auch die gefrorenen) in die Pfanne legen und 2–3 Minuten auf beiden Seiten goldbraun und knusprig braten. Brühe oder Wasser in die Pfanne geben, sofort abdecken und die Taschen bei schwacher Hitze 3–4 Minuten dämpfen, bis die Flüssigkeit fast vollständig aufgenommen worden ist. Warm halten.

Wenn die Gäste da sind: Pot Stickers vorsichtig mit einem Pfannenwender aus der Pfanne heben und auf einem Servierteller zusammen mit der Sauce anrichten.

Mein Tipp:

Falls die Füllung etwas zu feucht ist, 1 Esslöffel Semmelbrösel oder gehackte Nüsse darunterheben. Dazu passen Soba-Nudeln oder Basmatireis, kurz gebratene Pilze und Sojasprossen.

Fünfgängemenü: Fisch

Im Einmachglas pochierte Seezungenröllchen mit Sencha-Grüntee

Arbeitszeit: 15–20 Minuten
Schwierigkeitsgrad: mittel
Menge: 4–6 Portionen

- 8 Seezungenfilets
- 100 g Shiitakepilze (oder Champignons und Austernpilze gemischt)
- 1 Bund Koriander
- 1 Stück Ingwer (etwa 1 cm)
- 1 Bio-Limette
- frisch gemahlener schwarzer Pfeffer
- 1 TL frische Korianderblätter
- 1 TL Sojasauce
- 8 Algenblätter
- Sesamöl zum Braten und Einpinseln

Für den Sud:

- 250 ml Hühnerbrühe oder Fischfond
- 1 Sternanis
- 1 TL Koriandersamen
- 1 Zitronengrasstängel
- 1 Scheibe Ingwer
- 1 EL Sencha- oder andere Grünteeblätter
- etwas Sojasauce

Fisch im Glas zu garen ist eine wunderbar sanfte und praktische Methode, wenn Besuch ins Haus steht. Die Fische können schon vorher gefüllt und in die Gläser gegeben werden. Mit Tee oder Brühe übergossen brauchen sie dann nur noch in den Ofen geschoben zu werden.

Vorbereiten: Pilze putzen und hacken, Koriander waschen und fein hacken. Ingwer schälen und fein reiben. Die Limette heiß waschen, etwas Schale abreiben und den Saft ausdrücken. Pilze in etwas Sesamöl braun anbraten. Mit Limettenschale, Pfeffer, gemahlenem Koriander, Ingwer und Sojasauce würzen. Zum Schluss gehackten Koriander untermischen und beliebig fein pürieren. Bis zur weiteren Verwendung zur Seite stellen.

Die Algenblätter in Streifen schneiden. Die Seezungenfilets mit der Hautseite nach oben jeweils auf ein Algenblatt legen. Mit Limettensaft und Pfeffer würzen und mit je einem Teelöffel der Koriander-Pilz-Mischung belegen. Die Seezungen zusammen mit dem Algenblatt aufrollen. Den Rand mit etwas Wasser einpinseln und gut andrücken. 4 kleine Einmachgläser mit etwas Sesamöl einpinseln und die Röllchen darin verteilen.

Für den Sud Brühe oder Fond zusammen mit Sternanis, Koriandersamen, Zitronengras und Ingwer erwärmen und 15 Minuten ziehen lassen. Dann die Teeblätter 3 Minuten darin ziehen lassen und abseihen. Mit Sojasauce abschmecken und auf die Gläser verteilen. Kühl stellen.

20 Minuten vorher: Backofen auf 120 °C vorheizen.

Wenn die Gäste da sind: Gläser im Backofen 20–25 Minuten garen.

Mein Tipp:

Ein Curry ist das Wohlfühlessen schlechthin. Es lässt sich hervorragend für viele Leute zubereiten und eignet sich perfekt zur Selbstbedienung. Dazu passt am besten Basmatireis.

Fünfgängemenü: Vegetarisch

Gemüsecurry mit Erdnüssen

Curry ist eine Mischung aus vielen Gewürzen in variabler Zusammensetzung, die oft ein Geheimnis bleibt. Curry ist aber auch die Bezeichnung für eintopfartige Gerichte, von denen es unzählige in vielen Ländern gibt. So kann man eine Tajine, ein Gulasch oder ein Stifado durchaus auch zu den Currys zählen. Zusammengenommen ist das Currygewürz eine wunderbare Mixtur aus wilden Kräutern, Samen und Blättern, das je nach Geschmack individuell eingesetzt werden kann und jedem Essen eine besondere Note verleiht. Als Einlage passt, was schmeckt! Gemüse der Saison, Fisch, Fleisch oder Meeresfrüchte. Dies ist meine Variante eines wunderbar aromatischen Currys:

Vorbereiten: Schalotten, Knoblauch und Ingwer schälen und fein hacken, Zitronengras waschen und fein hacken. Chilischoten waschen, Samen und Scheidewände entfernen. In einem Topf mit schwerem Boden etwas Öl erhitzen. Koriander-, Kreuzkümmel-, Bockshornklee-, Kardamom- und Fenchelsamen, Zimt, Senfkörner, Mohn, Nelken und Curryblätter zusammen anrösten, bis die Senfkörner zu springen beginnen. Schalotten, Knoblauch, Ingwer, Chili und Zitronengras dazugeben und 5 Minuten mitbraten. Dabei immer wieder umrühren, bis die Zwiebeln weich sind. Mit braunem Zucker karamellisieren. Limettenblätter und abgeriebene Limettenschale in den Topf geben, mit der Kokosmilch bzw. den Tomaten ablöschen und 20 Minuten köcheln lassen. Erdnüsse mit etwas Wasser pürieren und noch etwa 5 Minuten mitköcheln lassen.

20 Minuten vorher: Gemüse schälen und in kleine Würfel, Scheiben oder Streifen schneiden. Je nach Garzeit der Gemüsesorten in der Currysauce garen.

Wenn die Gäste da sind: Curry in tiefen Tellern anrichten, mit Sojasprossen, Koriander und Erdnüssen garnieren.

Arbeitszeit: 15–20 Minuten
Schwierigkeitsgrad: mittel
Menge: 8–10 Portionen

6 Schalotten
5 Knoblauchzehen
1 Stück Ingwer (3–4 cm)
2 Zitronengrasstängel
1–2 rote Chilischoten
etwas Öl zum Braten
je 1 EL Koriander-, Kreuzkümmel- und Bockshornkleesamen
½ TL Kardamomsamen
1 TL Fenchelsamen
1 Zimtstange
1 TL Senfkörner
1 EL Mohn
2–3 Gewürznelken
6 Curryblätter
1 TL brauner Zucker
3–4 Kaffirlimettenblätter
abgeriebene Schale von 1 Bio-Limette
500 ml Kokosmilch oder Tomatenpassata
50 g Erdnüsse
1 Handvoll Gemüse nach Wahl pro Person

Zum Garnieren:
Sojasprossen
frischer Koriander
Erdnüsse

Mein Tipp:

Die Pie lässt sich leichter schneiden, wenn das Messer vorher in heißes Wasser getaucht wird. Oder backen Sie einfach viele kleine Törtchen.

Fünfgängemenü: Dessert

Key Lime Pie

Arbeitszeit: 20–30 Minuten
Schwierigkeitsgrad: mittel
Menge: eine Pie

Für Mürbeteigboden:

- 200 g Weizenmehl
- 100 g Butter
- 1 EL Zucker
- 1 Ei
- 1 Prise Salz

Für Kekskrümelboden:

- 16 Butterkekse
- 3 EL Zucker
- 60 g Butter

Für die Limettencreme:

- 3 Eier
- 5 Eigelb
- 110 g Zucker
- 3 EL Milch
- 120 ml Limettensaft
- 1 Prise Salz
- 125 g Butter

Für die Meringue:

- 4 Eiweiß
- ½ TL Vanillepulver
- ¼ TL Weinsteinbackpulver
- 75 g Zucker

Diese süßsaure Variante ist das Dessert auf den Florida Keys, wo die Key Lime nach vielen Umwegen angebaut und kultiviert wurde. Key Lime ist runder, kleiner und von gelblicherer Farbe als bei uns bekannte Limettensorten. Sie schmeckt süßer und milder und besitzt weniger Säure. Leider ist die Key Lime nicht überall erhältlich. Lime Pie schmeckt natürlich auch fantastisch mit jeder anderen Limettensorte oder mit Zitrone. Die Pie wird entweder mit einem Mürbeteigboden oder einem Kekskrümelboden gebacken.

Vorbereiten: Den Ofen auf 180 °C vorheizen. Für den Mürbeteigboden alle Zutaten zu einem glatten Teig verkneten. Eine Tarteform damit auskleiden und für mindestens 20 Minuten oder über Nacht im Kühlschrank kalt stellen. Die gekühlte Pie nun mit Backpapier auslegen und mit Hülsenfrüchten beschweren. Etwa 15 Minuten blindbacken. Oder für den Keksboden Butterkekse und Zucker in der Küchenmaschine fein mahlen, Butter einarbeiten und die Masse in eine Kuchenform drücken. 8 Minuten vorbacken.

Für die Limettencreme Eier, Eigelb, Zucker, Milch und Salz verquirlen und Limettensaft unterrühren. Die Mischung in einem Topf sehr langsam bei schwacher Hitze unter stetigem Rühren mit einem Holzlöffel 2 Minuten erwärmen. Butter stückchenweise zugeben und jeweils glatt rühren, bis die Butter verbraucht ist. 8–10 Minuten weiterrühren, bis die Creme ein wenig eingedickt ist, abkühlen lassen. Limettencreme auf dem noch warmen Boden verteilen. Bei 150 °C 20 Minuten backen.

Für die Meringue Eiweiß, Vanille und Weinsteinbackpulver zusammen zu einem festen Eischnee schlagen. Zucker esslöffelweise dazugeben und weitere 4 Minuten schlagen. Die Meringue auf die lauwarme Pie verteilen und nochmals 15 Minuten backen.

Wenn die Gäste da sind: Pie aufschneiden und servieren.

Mein Tipp:

Tramezzini können schon am Vortag gefüllt werden, so lassen sie sich einfacher schneiden. Sie sollten aber stets mit einem feuchten Küchentuch und Frischhaltefolie abgedeckt kühl gelagert werden. So bleiben sie frisch und trocknen nicht aus.

Dreigängemenü: Suppe

Erbsen-Minzschaumsuppe mit Gurken-Frischkäse-Tramezzini

Eine süßlich-frische Suppe, die durch ihre grasgrüne Farbe punktet und von weichen, cremigen Tramezzini begleitet wird.

Arbeitszeit: 20–30 Minuten
Schwierigkeitsgrad: leicht
Menge: 4–6 Portionen

250 g TK-Erbsen
Salz
2 Schalotten
1 EL Olivenöl
1 EL Butter
3 Knoblauchzehen
abgeriebene Schale von 1 Bio-Zitrone
je 1 TL Koriander-, Fenchel- und Kreuzkümmelsamen
2 Thymianzweige
1 Schuss Weißwein
1 l Gemüse- oder Hühnerbrühe
1 Bund Minze
frisch gemahlener schwarzer Pfeffer
frisch geriebene Muskatnuss
etwas Milch nach Belieben

Für die Tramezzini:

weiche Butter zum Bestreichen
100 g Frischkäse oder Ricotta
1 Salatgurke
4–6 Tramezzinibrotscheiben

Vorbereiten: Erbsen in Salzwasser 3–5 Minuten kochen, mit kaltem Wasser abschrecken und beiseitestellen. Schalotten schälen, fein hacken und im Olivenöl und der Butter einige Minuten anschwitzen. Knoblauch schälen, fein hacken und zusammen mit abgeriebener Zitronenschale, Koriander-, Fenchel- und Kreuzkümmelsamen sowie Thymian kurz mit den Schalotten mitrösten. Mit Weißwein ablöschen und 5 Minuten reduzieren. Dann die gekochten Erbsen dazugeben und mit Brühe aufgießen. Kurz aufkochen lassen und von der Platte nehmen. Thymianzweige entfernen. Die Minzblättchen abzupfen und mit der Suppe fein pürieren. Mit Salz, Pfeffer und Muskatnuss abschmecken. Nach Geschmack die Suppe mit Milch, Wasser oder Brühe verlängern.

Für die Tramezzini alle Brotscheiben zuerst hauchdünn mit Butter bestreichen, dann etwas großzügiger mit Frischkäse. Die Gurke schälen, entkernen und mit einem Sparschäler in feine Streifen hobeln. Die Gurkenhobel auf dem Frischkäse gleichmäßig verteilen, salzen, pfeffern und mit einer zweiten Tramezzinischeibe belegen. Tramezzini in Dreiecke schneiden und in Frischhaltefolie verpackt kühl stellen.

Wenn die Gäste da sind: Suppe aufwärmen und mit den Tramezzini servieren.

Mein Tipp:

So geht »schnelles Einweichen«: Bohnen in kaltem Wasser zum Kochen bringen, abseihen, noch einmal in kaltem Wasser mit den Gewürzen zum Kochen bringen und fertig garen.

Dreigängemenü: Hauptgericht

Gratiniertes Lammkarree mit Pistazienkruste auf weißem Bohnenpüree

Arbeitszeit: 20–30 Minuten
Schwierigkeitsgrad: mittel
Menge: 4–6 Portionen

Für das Bohnenpüree:
300 g weiße Bohnen
1 Schalotte, 3 Knoblauchzehen
2 Thymianzweige, 1 Rosmarinzweig
2 Lorbeerblätter
3 EL Olivenöl, 40 g Butter, Salz
frisch gemahlener schwarzer Pfeffer
etwas abgeriebene Schale von
1 Bio-Zitrone
frisch geriebene Muskatnuss

Für das Lamm:
2 kleine Lammkarrees à 400 g (gesäubert und geputzt)
100 g Toastbrot ohne Rinde
2 EL gehackte Petersilie
1 EL fein gehackte Kräuter (Rosmarin, Salbei, Majoran, Oregano, Minze)
3 EL Pistazien
1 ½ Knoblauchzehen
Senf, Salz
frisch gemahlener schwarzer Pfeffer
70 g Butter, 2 EL Olivenöl
einige Thymianzweige

Für die Rotweinschalotten:
300 g Schalotten, 1 Knoblauchzehe
20 g Butter, 2 EL Puderzucker
200 ml Rotwein
1 Lorbeerblatt, 3 Thymianzweige
frisch gemahlener schwarzer Pfeffer
3 EL Balsamico, Salz

Ein ziemlich imposantes Gericht, mit dem richtig aufgetrumpft werden kann und das doch so einfach ist. Statt Bohnenpüree passen Ofenkartoffeln oder geschmortes Wurzelgemüse dazu.

Vorbereiten: Für das Bohnenpüree die Bohnen über Nacht in Wasser einweichen. Schalotte und Knoblauch schälen und fein hacken. Thymian- und Rosmarinzweige sowie Lorbeerblätter zu einem Sträußchen binden und zusammen mit Knoblauch und Schalotte 30–40 Minuten kochen, bis die Bohnen mehlig-weich sind. Dabei den Schaum hin und wieder abschöpfen. Das Kräutersträußchen herausnehmen, die Bohnen in einem Sieb abtropfen lassen und etwas Kochwasser zurückbehalten. Die Bohnen nach und nach mit Olivenöl zu einem feinen Püree mixen, nach Bedarf noch etwas Kochwasser hinzugeben. Die Butter unterrühren und mit Salz und Pfeffer sowie etwas abgeriebener Zitronenschale und Muskatnuss abschmecken.

Für die Pistazienkruste das Toastbrot mit Kräutern, Pistazien und ½ Knoblauchzehe so lange mixen, bis die Masse schön grün wird. 1 TL Senf zugeben, mit Salz und Pfeffer würzen und die Butter stückenweise daruntermixen, bis die Masse gut zusammenklebt. Bei Bedarf noch etwas Butter hinzugeben. Die Kräutermasse auf Frischhaltefolie zu einer Rolle formen, einwickeln und kalt stellen.

Für die Rotweinschalotten Schalotten und Knoblauch schälen, Knoblauch leicht andrücken. Butter in einem Topf schmelzen, Schalotten und Knoblauch darin 5 Minuten schmoren lassen. Mit Puderzucker leicht karamellisieren, Rotwein angießen und Lorbeerblatt und Thymian hinzugeben. Bei mittlerer Hitze zugedeckt 10 Minuten kochen, mit Salz und Pfeffer würzen. Mit dem Balsamico abschmecken, Lorbeerblatt und Thymianzweige entfernen.

20 Minuten vorher: Backofen auf 170 °C vorheizen. Lammkarrees mit Salz und Pfeffer würzen, mit dem Olivenöl, einer angedrückten Knoblauchzehe und etwas Thymian auf beiden Seiten kräftig anbraten. Eine dünne Schicht Senf auf die Lammkronen streichen, die vorbereitetete Pistazienkruste in etwa 5 Millimeter dünne Scheiben schneiden, auflegen und leicht andrücken. Im Ofen etwa 10 Minuten rosafarben backen, herausnehmen und 5–10 Minuten zugedeckt ruhen lassen.

Wenn die Gäste da sind: Bohnenpüree und Rotweinschalotten aufwärmen. Lammkarrees in 2–3 Kottelets schneiden und anrichten.

Dreigängemenü: Dessert

Rhabarber-Mandel-Strudel mit Joghurt-Sauerrahm-Eis

Mein Tipp:

Selbst gemachter Strudelteig oder Eiscreme schmecken zwar um einiges besser – falls es aber mal schnell gehen muss, gibt es sehr guten Teig im Supermarkt oder Eiscreme in der Eisdiele zu kaufen. Mogeln erlaubt!

Meine Oma brauchte immer Hilfe beim Ausziehen des Strudelteigs. Wir zogen an dem Teig, bis der ganze Küchentisch damit ausgelegt war. Und wenn meine Oma sagte: »Nun kann man dadurch sogar eine Zeitung lesen.«, wusste ich, dass der Teig zum Füllen bereit war. Klassischerweise mit Äpfeln aus dem Garten, Rosinen, Zimt und Butterbröseln.

Arbeitszeit: 20–30 Minuten
Schwierigkeitsgrad: mittel
Menge: 8–10 Portionen

350 g Weizenmehl Typ 550
plus etwas Mehl zum Ausrollen
1 Prise Salz
3 EL Öl
500 g Rhabarber
1 Vanilleschote
Saft und ½ TL abgeriebene Schale
von 1 Bio-Zitrone
125 g Zucker
180 g Butter
100 g Semmelbrösel
100 g Mandelblättchen
1 TL Zimt
1 EL Puderzucker zum Dekorieren

Für das Eis:
120 g Zucker
1 Vanilleschote
200 g Sahne
250 g Joghurt
250 g Sauerrahm

Vorbereiten: Für das Eis Zucker und längs aufgeschlitzte Vanilleschote mit 100 Millilitern Wasser etwa 10 Minuten zu einem Sirup kochen. Den Sirup etwas abkühlen lassen. Sahne, Joghurt und Sauerrahm mit dem Zuckersirup vermischen und in einer Eismaschine gefrieren lassen. Oder – ohne Eismaschine – die Sahne steif schlagen, zusammen mit dem Sirup unter den Joghurt und den Sauerrahm heben und einfrieren.

Für den Strudelteig Mehl, Salz, 2 Esslöffel Öl und 100 Milliliter lauwarmes Wasser vermischen und zu einem glatten, elastischen Teig verarbeiten. Den Teig zu einer Kugel formen und mit 1 Esslöffel Öl bestreichen. Ein Kreuz in den Teig ritzen und in Frischhaltefolie gewickelt 20 Minuten bei Zimmertemperatur oder bis zu einen Tag im Kühlschrank ruhen lassen. Rhabarber schälen und in 2–3 Zentimeter lange Stücke schneiden. Vanilleschote längs aufschlitzen und das Mark herauskratzen.

Rhabarber mit Zitronensaft und abgeriebener Zitronenschale, 1 Esslöffel Zucker und der Vanille marinieren. Ein großes Geschirrtuch oder ein Tischtuch gleichmäßig mit Mehl bestäuben. Den Strudelteig so dünn wie möglich darauf ausrollen. Dann mit den flachen Händen unter die Teigplatte fahren und den Teig über den Handrücken immer dünner ausziehen. In einer Pfanne 120 g Butter schmelzen, Semmelbrösel und Mandeln unter stetigem Rühren darin hellbraun rösten. Restlichen Zucker und Zimt untermischen. Strudelteig mit 3 Esslöffeln flüssiger Butter dünn bestreichen. Mandelbrösel auf dem Teig verteilen, dabei die Ränder etwa 5 Zentimeter breit frei lassen. Mit Rhabarber belegen. Teigränder zur Mitte einschlagen. Strudel mit Hilfe des Geschirrtuches locker aufrollen und mit der Naht nach unten auf ein mit Backpapier ausgelegtes Backblech gleiten lassen. Strudel mit der restlichen flüssigen Butter bestreichen.

5 Stunden bis 40 Minuten vorher: Ofen auf 180 °C vorheizen. Den Strudel etwa 35 Minuten backen. Zum Servieren mit Puderzucker bestäuben.

Wenn die Gäste da sind: Strudel portionieren und mit dem Eis anrichten.

Arbeitszeit: 20–30 Minuten
Schwierigkeitsgrad: leicht
Menge: 4–6 Portionen

2 weiße Zwiebeln
200 g Knollensellerie
300 g mehlig kochende Kartoffeln
1 Stange Lauch
2 EL Olivenöl
2 Thymianzweige
2 Lorbeerblätter
1 TL Fenchelsamen
50 ml trockener Weißwein
1 l Gemüse- oder Hühnerbrühe
3 EL frisch geriebener Meerrettich oder nach Belieben
Saft und abgeriebene Schale von 1 Bio-Zitrone, Salz
frisch gemahlener schwarzer Pfeffer
frisch geriebene Muskatnuss

Für die Frittata:
1 Schalotte
1 Knoblauchzehe
1–2 EL Olivenöl
1–2 EL Butter
plus etwas Butter für die Form
2 Kartoffeln
1 Rosmarinzweig
2 EL Kräuter (z. B. Petersilie, Basilikum, Estragon, Koriander)
Salz
frisch gemahlener schwarzer Pfeffer
frisch geriebene Muskatnuss
3 Eier
100 g Sahne
200 g Räucherforellenfilet
1 kleine Zucchini

Fünfgängemenü: Suppe

Kartoffel-Meerrettich-schaum-Suppe mit Räucherforellen-Frittata

Die Frittata ist ein italienisches Omelett, das kalt oder warm als Vorspeise oder Hauptgericht serviert oder in kleineren Stücken zum Aperitif gereicht wird. Ich finde, sie ist ein sehr schöner Begleiter zur Suppe.

Vorbereiten: Zwiebeln, Sellerie und Kartoffeln schälen und in Würfel schneiden. Das Weiße vom Lauch in Ringe schneiden. Olivenöl in einem großen Topf erhitzen, Zwiebeln und Lauch darin anbraten. Dann Kartoffeln und Sellerie hinzufügen und kurz mitbraten. Thymianzweige, Lorbeerblätter und Fenchelsamen dazugeben, mit dem Weißwein ablöschen und der Brühe aufgießen. Suppe bei mittlerer Hitze etwa 20 Minuten köcheln lassen. Dann den frisch geriebenen Meerrettich dazugeben und die Suppe pürieren. Mit Zitronensaft und -schale, Salz, Pfeffer und Muskatnuss würzig abschmecken.

Für die Frittata Ofen auf 150 °C vorheizen. Schalotte und Knoblauch schälen, in feine Würfel schneiden und in Olivenöl und Butter anbraten. Kartoffeln schälen, in dünne Scheiben schneiden und zu den Schalotten geben. Rosmarinnadeln hacken, zusammen mit den übrigen Kräutern, Salz, Pfeffer und Muskatnuss dazugeben. Eier mit Sahne verquirlen und die Räucherforelle in die Mischung zupfen. Zucchini raspeln und zusammen mit den Kartoffeln zu der Eiermischung geben. Nochmals gut vermischen, eine feuerfeste Kasten- oder Tarteform buttern und die Masse darin verteilen. 20–30 Minuten backen.

Wenn die Gäste da sind: Suppe aufwärmen. Frittata eventuell ebenfalls kurz aufwärmen, in Würfel schneiden und zur Suppe reichen.

Fünfgängemenü: Vorspeise

Schinken im Bierbrotteig mit Meerrettich-Senf-Creme

Ein saftiger Rollschinken in frischen Brotteig gewickelt darf beim österlichen Brunch oder der Jause keinesfalls fehlen und schmeckt auch Tage später noch fantastisch!

Arbeitszeit: 15–20 Minuten
Schwierigkeitsgrad: mittel
Menge: 8-10 Portionen

- 1 kg Rollschinken oder gepökelter Schweinenacken
- 1 Würfel frische Hefe (42 g) oder 2 Päckchen Trockenhefe (je 7 g)
- 2 TL Zucker
- 500 g Roggenmehl
- 500 g Vollkorn-Weizenmehl
- 3 TL Salz
- 500 ml Bier plus etwas Bier zum Bestreichen nach Belieben
- 1 Eiweiß

Für die Meerrettich-Senf-Creme:

- 2 EL Senf
- 1–2 EL frisch geriebener Meerrettich
- ½ TL fein geriebener Ingwer
- ½ TL abgeriebene Schale von 1 Bio-Orange
- 200 g Sauerrahm
- Salz
- frisch gemahlener schwarzer Pfeffer
- frisch geriebene Muskatnuss

Vorbereiten: Die Hefe mit dem Zucker in 250 Millilitern lauwarmem Wasser auflösen. Das Mehl in eine große Schüssel geben, eine kleine Mulde formen und die Hefemilch hineingeben. Die Flüssigkeit mit etwas Mehl zu einem Vorteig verrühren und etwa 20 Minuten an einem warmen Ort gehen lassen. Nun Salz und Bier hinzugeben und mit der Hand oder der Küchenmaschine zu einem griffigen Teig verarbeiten. Auf einer bemehlten Arbeitsfläche zu einem ovalen Laib formen und erneut etwa 20 Minuten gehen lassen.

Den Backofen auf 220 °C vorheizen. Den Teig etwa 1½ Zentimeter dick ausrollen, das Eiweiß leicht aufschlagen und gleichmäßig auf den Teig streichen. Den Schinken von den Bindfäden befreien, auf das untere Teigdrittel setzen, in den Teig wickeln und den Teig mit Eiweiß einpinseln. 45 Minuten auf der zweiten Schiene von unten backen. Knuspriger wird der Bierteig, wenn er während des Backens mehrmals mit Bier bestrichen wird. Für die Meerrettich-Senf-Creme alle Zutaten gut verrühren und abschmecken.

Wenn die Gäste da sind: Schinken im Brotteig aufschneiden, Meerrettichcreme dazu reichen.

Fünfgängemenü: Vegetarisch

Bärlauch-Ricotta-Nockerln mit Zitronenbutter & Kresse

Arbeitszeit: 15–20 Minuten
Schwierigkeitsgrad: leicht
Menge: 4–6 Portionen

- 200 g Bärlauch
- 1 EL Butter
- 400 g Ricotta
- 150 g Weizenmehl Typ 550
- 2 Eier, 1 Eigelb
- 100 g Parmesan
- Salz
- frisch gemahlener schwarzer Pfeffer
- frisch geriebene Muskatnuss
- 2 EL geriebener Pecorino

Für die Zitronenbutter:

- 2 EL Butter
- abgeriebene Schale von 1 Bio-Zitrone
- Salz
- frisch gemahlener schwarzer Pfeffer
- 1 Tasse Kresse

Jeder liebt Nockerln. Dieses Rezept kann gut je nach Jahreszeit verändert werden. Anstelle von Bärlauch schmecken Rucola, Kerbel, Estragon oder andere Kräuter Ihrer Wahl. Salbei-Orangen-Butter, im Ofen gegarte Cherrytomaten oder ein leichtes Gemüseragout sind ideale Begleiter.

Vorbereiten: Bärlauch putzen und kurz in Butter andünsten, bis er zusammenfällt. Anschließend fein hacken. Ricotta, Mehl, Eier und Eigelb in einer Schüssel verrühren. Parmesan reiben, zusammen mit Bärlauch, Salz, Pfeffer und Muskatnuss zur Ricottamasse geben und vermischen.

20 Minuten vorher: Einen Topf mit Salzwasser aufkochen. Kleine Nockerln mithilfe von Esslöffeln formen, in das leicht siedende Wasser gleiten und 2–3 Minuten ziehen lassen, bis die Nockerln an die Oberfläche steigen. Nockerln mit einem Schaumlöffel herausheben und beiseitestellen.

Wenn die Gäste da sind: Für die Zitronenbutter Butter in einer Pfanne schmelzen lassen, abgeriebene Zitronenschale zugeben. Mit Salz und Pfeffer würzen. Die Nockerln in der Butter kurz schwenken, ganz zum Schluss die Kresse dazugeben und die Nockerln auf Tellern anrichten. Mit 2 Esslöffeln Pecorino bestreuen und servieren.

Mein Tipp:

Als Beilage passen auch cremige oder gebratene Polenta, Schupfnudeln, geröstete Babykartoffeln, Kartoffelpüree, Tagliatelle, Gnocchi oder ein einfaches Baguette zum Auftunken der Sauce.

Fünfgängemenü: Fleisch

Dijonsenf-Kaninchen auf Kerbel-Stampfkartoffeln

Bereits ein echter Klassiker in meiner Küche, der mit Huhn genauso gut schmeckt!

Arbeitszeit: 20–25 Minuten
Schwierigkeitsgrad: leicht
Menge: 4–6 Portionen

4 kleine Kaninchenkeulen
Salz
frisch gemahlener schwarzer Pfeffer
7 EL Olivenöl
300 g Schalotten
2 Knoblauchzehen
200 ml Sekt oder trockener Weißwein
400 ml Hühnerbrühe
je ½ Bund Kerbel und Estragon
200 g Crème fraîche
1 EL körniger Senf
1 EL Dijonsenf
½ TL Kurkuma
2 TL Maisstärke
4 Stangen Sellerie
100 g grüne Oliven
50 g Kapern

Für die Stampfkartoffeln:

500 g festkochende Kartoffeln
Salz
1 Bund Kerbel
3–4 EL Butter
frisch gemahlener schwarzer Pfeffer
frisch geriebene Muskatnuss
etwas Milch nach Bedarf

Vorbereiten: Ofen auf 160° C vorheizen. Kaninchenkeulen mit Salz und Pfeffer würzen. 4 EL Olivenöl in einem Schmortopf erhitzen und die Keulen auf beiden Seiten 2–3 Minuten kräftig anbraten. Kaninchenkeulen aus dem Topf nehmen. Schalotten und Knoblauch schälen und fein würfeln. Schalotten im selben Topf anbraten und 5–8 Minuten leicht karamellisieren. Knoblauch etwa 1 Minute lang mitbraten und mit Sekt oder Weißwein ablöschen. Kaninchenkeulen in die Sauce legen und mit der Brühe aufgießen. Etwa 2 Stunden im Ofen schmoren, bis sich das Fleisch sanft von den Keulen löst. Nun Kräuter, Crème fraîche, Senf, Kurkuma, Stärke und 3 Esslöffel Olivenöl verrühren und mit einem Schneebesen in die Kaninchensauce rühren. Sellerie waschen, in Scheiben oder Würfel schneiden, zusammen mit Oliven und Kapern zum Kaninchen geben und noch einmal kurz aufkochen lassen.

1 Stunde vorher: Die Kartoffeln schälen und vierteln. Wasser mit Salz in einem Topf zum Kochen bringen und die Kartoffeln 20–25 Minuten köcheln lassen. Wasser abgießen und die Kartoffeln im Topf mit dem Kartoffelstampfer grob zerdrücken. Kerbel fein hacken, etwas zum Garnieren beiseitestellen, restlichen Kerbel zusammen mit der Butter unterrühren und die Stampfkartoffeln mit Salz, Pfeffer und Muskatnuss abschmecken. Falls die Kartoffelmasse zu fest wird, noch etwas Milch dazugeben.

Wenn die Gäste da sind: Kaninchen und Stampfkartoffeln aufwärmen und mit dem restlichen Kerbel garnieren.

Fünfgängemenü: Dessert

Karottenkuchen mit Eierlikör-Eiscreme

Arbeitszeit: 30–40 Minuten
Schwierigkeitsgrad: mittel
Menge: ein Kuchen

- Samen von 1 Kardamomkapsel
- 1 Stück Ingwer (etwa 2 cm)
- ½ Vanilleschote
- 280 g Weizenmehl Typ 405
- 100 g gemahlene Mandeln oder Walnüsse
- 1 Prise Salz
- 1 Prise frisch geriebene Muskatnuss
- 1 TL Zimt
- 2 TL Backpulver
- 300 g Karotten
- 1 TL abgeriebene Schale von 1 Bio-Zitrone oder -Orange
- 150 g brauner Zucker
- 180 ml Olivenöl
- 4 Eier
- Butter für die Form

Für die Mascarponecreme:

- ½ Vanilleschote
- 250 g Mascarpone oder Frischkäse
- 100 g feiner Zucker

Für die Eierlikör-Eiscreme:

- 300 ml Milch
- 250 g Sahne
- 4 Eigelb
- 150 g Zucker
- 100 ml Eierlikör

Saftig, flaumig und mit einem gewissen Biss ist dieser süße Gemüsekuchen. Statt Karotten kann man auch Kürbis, Zucchini oder Rote Bete verwenden – das schmeckt ebenso gut.

Vorbereiten: In einem Topf Milch und Sahne für die Eierlikör-Eiscreme bis kurz vor den Siedepunkt erhitzen. In der Zwischenzeit Eigelb und Zucker mit der Küchenmaschine oder dem Mixer etwa 5 Minuten zu einer cremigen, dicken Creme aufschlagen. Den Eierlikör langsam einfließen lassen, bis sich die Eier vollständig mit dem Likör verbunden haben. Langsam etwa ein Drittel der heißen Milch-Sahne-Mischung dazugeben und gut verrühren. Dann die restliche Milchmischung zur Eiermasse geben und gut verrühren. Die Mischung zurück in den Topf geben und bei schwacher Hitze etwa 15 Minuten mit einem Schneebesen rühren, bis die Milch allmählich dicklich wird. Den Topf in eine Schüssel mit Eiswasser stellen und so lange rühren, bis die Masse erkaltet ist. Mit Frischhaltefolie abdecken und einfrieren oder in einer Eismaschine cremig rühren. Für die Mascarponecreme Vanilleschote längs aufschlitzen und das Mark herauskratzen. Mit den übrigen Zutaten zu einer glatten, streichfähigen Creme verrühren.

Den Backofen auf 180 °C vorheizen. Eine Springform mit Backpapier auskleiden. Kardamomsamen im Mörser fein zerstoßen, Ingwer fein reiben, Vanilleschote längs aufschlitzen und das Mark herauskratzen. Mit Mehl, Nüssen, Salz, Gewürzen und Backpulver vermischen. Karotten schälen, fein reiben und mit Zitronen- oder Orangensaft und -schale verrühren. Zucker, Öl und Eier cremig aufschlagen. Karottenmasse unterheben. Anschließend nach und nach die Mehlmischung unterheben. Teig in die Kuchenform füllen, glatt streichen und 50 Minuten goldbraun backen. Kuchen aus dem Ofen nehmen und in der Form noch 10 Minuten ruhen lassen. Dann aus der Form stürzen und mit der Mascarponecreme bestreichen.

Wenn die Gäste da sind: Kuchen aufschneiden und mit der Eiscreme servieren.

Dreigängemenü: Suppe

Weiße Vanille-Spargelcremesuppe mit Jakobsmuscheln & Shortbread

In Schottland und im Vereinigten Königreich ist Shortbread eine der beliebtesten Gebäckarten zur »Tea Time«. Dieses weltbekannte leckere Mürbeteiggebäck besteht hauptsächlich aus Butter, Zucker und Mehl. Zur Suppe nehme ich weniger Zucker, dafür etwas mehr Salz.

Vorbereiten: Eine Vanilleschote im Öl einlegen und möglichst über Nacht ziehen lassen. Spargel schälen, Wurzelgemüse putzen, grob schneiden und zusammen mit den Spargelschalen und -abschnitten mit kaltem Wasser in einem Topf aufsetzen. Bei schwacher Hitze 1–2 Stunden ziehen lassen, anschließend abseihen. Schalotten schälen, fein hacken und in der Butter einige Minuten glasig anbraten. Spargel in etwa 3 Zentimeter große Stücke schneiden und mit Lorbeerblatt, Thymian und Fenchelsamen kurz mitbraten. Die zweite Vanilleschote längs aufschlitzen, das Mark herauskratzen und zum Spargel geben. Mit dem Weißwein ablöschen und einige Minuten reduzieren. Dann die Spargel-Gemüse-Brühe und die abgeriebene Orangenschale dazugeben und etwa 20 Minuten köcheln lassen. Lorbeerblatt und Thymianzweige herausnehmen, die Suppe pürieren und mit Salz und Pfeffer abschmecken.

Für das Shortbread Backofen auf 180 °C vorheizen. Eine Springform mit Backpapier auslegen. Butter und Zucker schaumig rühren. Mehl, Stärke, Salz, Thymian oder Rosmarin und abgeriebene Orangenschale dazugeben und mit dem Knethaken einarbeiten. Teig in die Form füllen und mit Hilfe eines Glases vorsichtig 1–1½ Zentimeter dick ausrollen. Mit den Zinken einer Gabel ein Streifenmuster in den Rand eindrücken und mehrfach mit der Gabel in den Teig einstechen, das ergibt das typische Shortbread-Muster. Im Backofen 15–20 Minuten goldgelb bis hellbraun backen, abkühlen lassen und in fingerdicke Streifen schneiden.

20 Minuten vorher: Backofen auf 80 °C vorheizen. Eine Pfanne mit etwas Olivenöl erhitzen und die Jakobsmuscheln bei relativ starker Hitze auf beiden Seiten je 1 Minute scharf anbraten, um eine karamellige Oberfläche zu erhalten. 1 Esslöffel Butter in die Pfanne geben und sie im Backofen warm stellen.

Wenn die Gäste da sind: Suppe in Schälchen oder Gläsern anrichten, je eine Jakobsmuschel in die Suppe geben, mit Vanilleöl beträufeln und das Shortbread dazu reichen.

Mein Tipp:

Probieren Sie auch die süße Shortbread-Variante mit 40 Gramm Zucker und nur einer Prise Salz. Schokotröpfchen oder getrocknete Früchte machen sich dann sehr gut.

Arbeitszeit: 30–40 Minuten
Schwierigkeitsgrad: leicht
Menge: 4–6 Portionen

2 Vanilleschoten
250 ml neutrales Öl
plus etwas Öl zum Braten
1 kg weißer Spargel
1 Bund Gemüse
(Karotten, Sellerie, Lauch)
2 Schalotten
1 EL Butter
plus etwas Butter zum Braten
1 Lorbeerblatt
2 Thymianzweige
1 TL Fenchelsamen
1 Schuss Weißwein
½ TL abgeriebene Schale von
1 Bio-Orange
Salz
frisch gemahlener schwarzer Pfeffer
4 Jakobsmuscheln

Für das Shortbread:
225 g sehr weiche Butter
1 TL Zucker
255 g Weizenmehl
75 g Maisstärke
1 TL Salz
etwas Thymian oder Rosmarin
abgeriebene Schale von 1 Bio-Orange

Dreigängemenü: Hauptgericht

Kalbsfilet mit Rosmarin & Zitrone auf cremiger Polenta

Arbeitszeit: 20–30 Minuten
Schwierigkeitsgrad: mittel
Menge: 4–6 Portionen

Für das Kalbsfilet:

150 g Kalbsfilet pro Person
2 Rosmarinzweige
abgeriebene Schale von 1 Bio-Zitrone
frisch zerstoßener Pfeffer
Salz

Für die Polenta:

250 ml Milch plus etwas mehr nach Bedarf
3 EL Butter
Salz
frisch gemahlener schwarzer Pfeffer
frisch geriebene Muskatnuss
250 g Polenta
1 Handvoll geriebener Parmesan
etwas Fleur de Sel

Für das Essiggemüse:

3 Schalotten
je 1 rote und gelbe Paprika
1 Aubergine
1 Zucchini
Olivenöl zum Braten
je 1 Rosmarin- und Thymianzweig
2 Knoblauchzehen
150 ml Essig
150 ml Brühe
50 g Kapernäpfel
1 Handvoll Oliven
Salz
frisch gemahlener schwarzer Pfeffer

Zartes Kalbfleisch verdient besonders zarte und schonende Zubereitung. Deshalb pochiere ich das Filet in Folie – so bleibt das junge Stück bestens in Form und wird butterweich zugleich.

Vorbereiten: Rosmarinnadeln, abgeriebene Zitronenschale, 1 Teelöffel zerstoßenen Pfeffer ud Salz vermischen. Kalbsfilet darin wälzen. Zuerst in Frischhaltefolie, dann straff in Alufolie wickeln und kühl stellen. Für die Polenta Milch, Butter, Salz, Pfeffer und Muskatnuss zusammen aufkochen. Polenta einrieseln lassen. Bei schwacher Hitze etwa 30 Minuten leise köcheln lassen und öfters umrühren, bis die Polenta weich ist. Parmesan unterrühren und nochmals abschmecken. Sollte die Polenta zu dick sein, noch etwas Milch zugeben.

Für das Essiggemüse Schalotten schälen und vierteln, Paprika entkernen und von den Scheidewänden befreien. Paprika, Aubergine und Zucchini in größere Würfel schneiden. Knoblauch schälen und fein hacken. Olivenöl in einem Schmortopf erhitzen und Schalotten mit Rosmarin- und Thymianzweig sowie Knoblauch anbraten. Nun das Gemüse dazugeben und noch mitbraten. Mit dem Essig und der Brühe ablöschen und 10 Minuten köcheln lassen. Zum Schluss Kapernäpfel und Oliven dazugeben und mit Salz und Pfeffer abschmecken.

20 Minuten vorher: Einen Topf mit Wasser zum Sieden bringen (etwa 80 °C). Das Filet mit der Folie ins Wasser geben und darin etwa 20 Minuten garen. Anschließend etwa 5 Minuten ruhen lassen.

Wenn die Gäste da sind: Gemüse und Polenta aufwärmen, Filet in etwa 2 Zentimeter breite Scheiben schneiden und alles zusammen anrichten. Zum Schluss mit Fleur de Sel würzen.

Mein Tipp:

Mürbeteigböden können schon mehrere Tage vorher gebacken werden. Auch die Creme kann einige Tage im Voraus gekocht werden. Dann mit Folie abgedeckt im Kühlschrank aufbewahren.

Dreigängemenü: Dessert

Zitronentarte

Mit einer Zitronentarte als Dessert gewinnen Sie immer den Hauptpreis. Süß, sauer und erfrischend zugleich!

Arbeitszeit: 20–25 Minuten
Schwierigkeitsgrad: leicht
Menge: eine Tarte

Für den Teig:

- 200 g Weizenmehl plus etwas Mehl für die Arbeitsfläche
- 100 g Butter
- 1 Ei
- 1 Prise Salz

Für die Creme:

- 3 Eier
- 2 Eigelb
- 6 EL Zucker
- ½ TL Maisstärke
- 2 EL kalte Milch
- Saft und abgeriebene Schale von 3 Bio-Zitronen
- 120 g kalte Butter

Vorbereiten: Für den Teig Mehl, Butter, Ei und Salz zu einem glatten Teig kneten. Auf einer mit Mehl bestäubten Arbeitsfläche ausrollen, eine Tarteform damit auskleiden und für 20 Minuten im Kühlschrank kalt stellen. Den Backofen auf 180 °C vorheizen. Die gekühlte Tarte mit Backpapier auslegen, mit Hülsenfrüchten beschweren und 15 Minuten blindbacken.

Für die Creme in einem Topf Eier, Eigelbe und Zucker mit einem Schneebesen aufschlagen. Stärke in Milch auflösen und zusammen mit Zitronensaft und -schale zu der Eiercreme geben. Bei schwacher Hitze erwärmen. Die Butter in Würfel schneiden und nach und nach in die Creme einarbeiten. 10–15 Minuten bei schwacher Hitze weiterrühren, bis die Creme beginnt einzudicken. Von der Platte nehmen und durch ein Sieb streichen. Hülsenfrüchte und Backpapier vom Teig nehmen und die Zitronencreme auf dem noch warmen Tarteboden verteilen. Bei 150 °C etwa 10 Minuten fertig backen.

Wenn die Gäste da sind: Tarte aufschneiden und servieren.

Mein Tipp:

Den Teig schon am Vortag kneten und im Kühlschrank gehen lassen. Sie können die Brioche natürlich auch in einer großen Kastenform backen. Das dauert 45–50 Minuten.

Gefüllte Kartoffel-Brioche mit pochiertem Ei

Arbeitszeit: 20–30 Minuten
Schwierigkeitsgrad: mittel
Menge: 6–8 Portionen

- 80 ml Milch
- 10 g frische Hefe
- 250 g Weizenmehl Typ 550 plus etwas Mehl für die Arbeitsfläche
- 2 TL Zucker
- 1 TL Salz
- abgeriebene Schale von ½ Bio-Zitrone
- 250 g gekochte und geriebene oder durchgepresste Kartoffeln
- 4 Eier
- 110 g zimmerwarme Butter plus etwas Butter für die Form
- frisch geriebene Muskatnuss
- 1 Eigelb plus 2–3 EL Milch zum Bestreichen
- gesalzene Butter und frisch gehackte Kräuter zum Servieren

Für die Eier:

- 6–8 Eier Größe S
- 50 g Sahne
- Salz
- frisch gemahlener schwarzer Pfeffer

Die butterzarte Kartoffel-Brioche schmeckt auch einfach nur so mit Marmelade oder Frischkäse. Die Brioche gleichzeitig als Eierbecher zu verwenden, macht Freude beim Löffeln und sieht obendrein sehr lustig aus. Verfeinern Sie den Teig auch mal mit ein paar Kräutern, Gewürzen, mit fein geschnittenen Tomatenwürfeln oder Oliven.

Vorbereiten: Milch lauwarm erwärmen und mit Hefe, 50 g Mehl, Zucker und Salz verrühren. An einem warmen Ort etwa 20 Minuten gehen lassen. Restliches Mehl, abgeriebene Zitronenschale und geriebene Kartoffeln in der Küchenmaschine durchmischen. In eine Schüssel geben, in der Mitte eine Mulde formen, die aufgelöste Hefe sowie 3 Eier in die Mulde geben und alles zu einem glatten Teig kneten. Nun Stück für Stück die Butter unter den Teig kneten, bis er Blasen wirft. Dabei das nächste Stück immer erst dann zugeben, wenn das vorherige gut in den Teig eingearbeitet ist. Den Teig mit Frischhaltefolie abdecken und im Kühlschrank für 1 Stunde oder über Nacht ruhen lassen. Dann Arbeitsfläche mit etwas Mehl bestäuben, Teig daraufgeben und mit den Händen gut durchkneten. Falls notwendig, noch etwas Mehl hinzugeben, bis der Teig nicht mehr an den Fingern klebt. Muffin- oder Porzellanförmchen einfetten, Teig bis maximal zur Hälfte einfüllen und noch einmal mindestens 30 Minuten abgedeckt an einem warmen Ort gehen lassen. Backofen auf 180 °C vorheizen. Das Eigelb mit der Milch verquirlen und den Teig damit einpinseln. 30–40 Minuten backen, bis die Brioches goldbraun sind. Brioches abkühlen lassen, aus der Form nehmen und das obere Drittel vorsichtig mit einem Messer abschneiden. Nun mit einem Löffel kleine Löcher in die Brioches bohren, sodass ein kleines Ei hineinpasst. Je ein kleines Ei aufschlagen und hineingleiten lassen. Einige Tropfen Sahne auf jedes Ei geben und mit Salz und Pfeffer würzen.

20 Minuten vorher: Backofen auf 170 °C vorheizen.

Wenn die Gäste da sind: Die Eier in den Brioches im Backofen 12–15 Minuten pochieren. Zum Anrichten den Deckel wieder daraufsetzen und zusammen mit etwas gesalzener Butter und frisch gehackten Kräutern servieren.

Brunch-Buffet

Rucola-Erdbeer-Salat mit grünem Spargel & gebratenem Halloumi

Halloumi ist ein halbfester Käse aus Kuh-, Schafs- oder Ziegenmilch, häufig auch gemischt. Sein Geschmack reicht von mild und frisch bis hin zu deftig und intensiv. Am liebsten mag ich ihn gebraten oder gegrillt. So intensiviert sich sein Geschmack erheblich, er bekommt ein salziges Aroma und quietscht ganz leise beim Hineinbeißen.

Arbeitszeit: 15–20 Minuten
Schwierigkeitsgrad: leicht
Menge: 4–6 Portionen

- 250 g Erdbeeren
- 250 g junger grüner Spargel
- Salz
- 1 TL Zucker
- 1 Avocado
- 100 g gemischter Salat
- einige Estragonzweige
- Saft und abgeriebene Schale von 1 Bio-Zitrone
- 3 EL gutes Olivenöl plus etwas zum Braten
- frisch gemahlener schwarzer Pfeffer
- 250 g Halloumi
- einige Tropfen Balsamico

Vorbereiten: Erdbeeren putzen und vierteln. Spargel waschen und die Enden abbrechen. Spargel im unteren Drittel schälen. Wasser mit 1 Teelöffel Salz und Zucker aufkochen. Den Spargel 1–2 Minuten darin blanchieren, dann in kaltem Wasser abschrecken. Avocado halbieren, Kern entfernen, das Fruchtfleisch mit einem Löffel aus der Schale schaben und in Spalten oder Würfel schneiden. Mit etwas Zitronensaft beträufeln, damit sie nicht braun werden. Salat putzen, Estragonblättchen von den Zweigen streifen und beides mit Erdbeeren und Avocado in eine große Schüssel geben.

20 Minuten vorher: Eine Pfanne mit etwas Olivenöl erhitzen, den Spargel darin kurz, aber kräftig anbraten und beiseitestellen. Mit Zitronensaft (etwas für den Halloumi aufbewahren) und -schale, Salz und Pfeffer würzen und unter den Salat mischen. Einige Tropfen Balsamico und 3 Esslöffel Olivenöl unterheben und den Salat auf Tellern anrichten.

Wenn die Gäste da sind: Halloumi in einer Pfanne mit einigen Tropfen Olivenöl auf jeder Seite 1–2 Minuten goldbraun braten und mit dem Salat anrichten. Zum Schluss mit etwas frischem Zitronensaft beträufeln.

Maispuffer mit Hüttenkäse & Knusperspeck

Arbeitszeit: 20–25 Minuten
Schwierigkeitsgrad: mittel
Menge: 4–6 Portionen

½ rote Paprika
10 g Butter
2 Eier
240 ml Buttermilch
50 g Mehl
75 g Maismehl
1 TL Backpulver
1 TL Zucker
1 Prise Chili
Salz
1 TL Brotgewürz
120 g Mais
1 Avocado
Limettensaft zum Beträufeln
100 g Speck oder Prosciutto
1 Fleischtomate
1 kleiner Bund Schnittlauch
100 g Salat (z. B. Rucola, Feldsalat, Brunnenkresse, Babyspinat)
1–2 EL Olivenöl zum Braten
1–2 EL Butter zum Braten
200 g Hüttenkäse
Zitronenöl (siehe Seite 184)
frisch gemahlener schwarzer Pfeffer

Ein Burger oder Sandwich aus kleinen runden Maispuffern, zu dem der Hüttenkäse etwas Cremigkeit beiträgt, ohne die Schwere der sonst üblichen Mayonnaise mitzubringen. Getoppt wird dieses Türmchen mit einer cremigen reifen Avocado. Im Ofen geschmorte Paprikastreifen, Zucchini- oder Auberginenscheiben eignen sich dafür ebenfalls. Büffelmozzarella, Schafs- oder Ziegenkäse ersetzten nach Belieben den Hüttenkäse.

Vorbereiten: Paprika waschen, entkernen und in kleine Würfel schneiden. Butter schmelzen und etwas abkühlen lassen. Eier mit geschmolzener Butter und Buttermilch verrühren. Mehl, Maismehl, Backpulver, Zucker, Chili, ½ TL Salz und Brotgewürz vermengen und unter die Buttermilchmischung rühren. Maiskörner und Paprikawürfel unterheben und den Teig im Kühlschrank für etwa 20 Minuten oder über Nacht ruhen lassen. Backofen auf 150 °C vorheizen. Avocado halbieren, den Kern entfernen und mit einem Löffel das Fruchtfleisch herausschaben. Fruchtfleisch in Streifen schneiden, mit Limettensaft beträufeln und den Avocadokern dazulegen, das verhindert das Braunwerden der Früchte. Speckscheiben auf ein mit Backpapier ausgelegtes Backblech legen und 8–12 Minuten im Ofen zu knusprigen Chips backen. Tomate vierteln, Kerne herauskratzen und das Fruchtfleisch in Würfel schneiden. Schnittlauch in Röllchen schneiden. Salat waschen und abtropfen lassen.

1 Stunde vorher: Backofen auf 80–100 °C vorheizen. Eine Pfanne nicht zu stark erhitzen und darin etwas Olivenöl und Butter erwärmen. Den Maisteig esslöffelweise in die Pfanne setzen, die Puffer auf beiden Seiten 2–3 Minuten goldgelb braten (pro Person 2 Maispuffer), auf einen mit Küchenpapier ausgelegten Teller legen und im Ofen warm stellen.

Wenn die Gäste da sind: Hüttenkäse, Tomatenwürfel, Schnittlauchröllchen, Zitronenöl, Salz und Pfeffer vorsichtig vermengen. Auf jeden Puffer etwas Salat, Hüttenkäse, eine Scheibe Knusperspeck und eine Scheibe Avocado legen und einen zweiten Puffer darauflegen.

Granola mit Joghurt, Safranäpfeln & Very Berry Smoothie

Ich gehe selten ohne ein Müsli im Bauch aus dem Haus. Diese knusprig-süße und würzige Müslimischung gibt einem die Energie für den Tag, die man braucht! Schmeckt köstlich als gesunder Snack am Nachmittag, als Dessert oder als Mitbringsel zum Brunch. Bei trockener Lagerung im Einmachglas bleibt das Müsli mindestens für ein halbes Jahr frisch. Und wenn es ganz schnell gehen soll, passt das »Frühstück in flüssiger Form« – ein Smoothie, den Bananen besonders cremig machen. Mit 1–2 Esslöffeln Müsli wird ein schneller Frühstücksdrink daraus.

Vorbereiten: Backofen auf 170 °C vorheizen. Nüsse grob hacken und ein wenig zum Garnieren beiseitestellen. Nüsse mit Haferflocken, Mandelblättchen, Kokosraspeln, Sonnenblumenkernen, Kürbiskernen und Sesam auf einem mit Backpapier ausgelegten Backblech vermischen. Honig, Zucker, Sonnenblumenöl oder Butter, Wasser oder Saft, Zimt bzw. Lebkuchengewürz, längs aufgeschlitzte Vanilleschote und Salz in einem Topf zusammen erhitzen. Über den Flocken verteilen und gut durchrühren, bis alles damit benetzt ist. Zu kleinen Häufchen zusammendrücken, dadurch entstehen viele Knusperstückchen. Im Ofen 50–60 Minuten goldbraun backen, ab und zu umrühren. Rosinen und andere Trockenfrüchte erst zum Schluss dazugeben.

Für die Safranäpfel den Zucker in einem kleinen, hohem Topf bei mittlerer Hitze auflösen. Mit Apfelsaft und Weißwein aufgießen. Safran und weitere Gewürze dazugeben und aufkochen lassen. Die Äpfel schälen und in den Sud legen. 3–5 Minuten leicht köcheln lassen. Die Äpfel sollten weich werden, aber nicht zerfallen. Etwa 20 Minuten in dem noch heißen Sud liegen lassen und dann in gut verschließbare Gläser abfüllen. 1–2 Tage marinieren.

Für den Smoothie alle Zutaten cremig pürieren und in Gläser aufteilen oder in eine schöne Glasflasche füllen.

Bis zu 1 Stunde vorher: Müsli, Joghurt und Safranäpfel schichtweise in Gläser füllen mit ein paar gehackten Nüssen bestreuen.

Wenn die Gäste da sind: Smoothie zum Müsli servieren.

Arbeitszeit: 15–20 Minuten
Schwierigkeitsgrad: leicht
Menge: 4–6 Portionen

Für das Granola:

- 150 g Haselnüsse
- 500 g kernige Haferflocken
- je 100 g Mandelblättchen, Kokosraspel, Sonnenblumen- und Kürbiskerne
- 50 g Sesam
- 150 ml Honig
- 100 g brauner Zucker
- 100 ml Sonnenblumenöl oder Butter
- 100 ml Wasser, Apfel- oder Orangensaft
- 1 TL Zimt oder Lebkuchengewürz
- 1 Vanilleschote
- ¼ TL Salz
- 250 g Rosinen, Cranberrys oder andere Trockenfrüchte

Für die Safranäpfel:

- 50 g Zucker
- je 200 ml Apfelsaft und Weißwein
- 1 Msp Safranfäden
- je 1 Zimtstange, Lorbeerblatt, Gewürznelke
- ½ Vanilleschote
- 4 kleine Äpfel
- 500 g cremiger Naturjoghurt

Für den Smoothie:

- 250 g Beeren nach Wahl
- 1 reife Banane
- 500 ml Milch oder Orangensaft
- 250 g Joghurt
- Honig oder Ahornsirup

Ahornsirup-Buttermilch-Tarte

Arbeitszeit: 20–25 Minuten
Schwierigkeitsgrad: leicht
Menge: eine Tarte

Für den Teig:

1 Vanilleschote
1 Ei
½ TL Salz
40 g Zucker
80 g Butter
200 g Weizenmehl

Für die Füllung:

1 Vanilleschote
500 ml Buttermilch
160 ml Ahornsirup
50 g Weizenmehl
1 Prise Salz
6 Eigelb

Ein erfrischendes Dessert, das sich durch seine Einfachheit auszeichnet!

Bis zu einen Tag im Voraus vorbereiten: Für den Teig Vanilleschote längs aufschlitzen und das Mark herauskratzen. Mit den übrigen Zutaten rasch zu einem glatten Teig verarbeiten und für etwa 20 Minuten kühl stellen. Den Backofen auf 180 °C vorheizen. Den Teig ausrollen, eine Form damit auskleiden und 20 Minuten kalt stellen.

Für die Füllung Vanilleschote längs aufschlitzen, das Mark herauskratzen und mit den übrigen Zutaten verrühren, auf dem Tarteboden verteilen und etwa 30 Minuten im Ofen backen.

Wenn die Gäste da sind: Tarte aufschneiden und servieren.

Sommer

Im Sommer liegt gute Laune in der Luft. Erfrischende kalte Suppen, raffinierte Salate und unzählige Grillereien auf der Dachterrasse mit allem, was dazugehört, sind jetzt angesagt. Besonders viel Freude machen uns Tomatenraritäten, frische Erbsen, Mais und Aprikosen. Minze und joghurthaltige Speisen kühlen wunderbar bei Hitze, genauso wie ein spritziges Glas Prosecco oder Mineralwasser mit einer Scheibe kandiertem Ingwer.

Mein Tipp:

Zitronenöl eignet sich ebenfalls zu Salat, Gemüsegerichten, als Topping für Suppen und zum Dippen von Brot oder als Würzöl für Fisch und hält sich im Kühlschrank bis zu zwei Wochen.

Dreigängemenü: Suppe

Sellerie-Apfel-Gazpacho mit Zitronenöl

Im Sommer gibt es nichts Erfrischenderes, als eine kühle, frische Suppe. Die Cremigkeit erhält die Suppe durch Ciabatta bzw. Baguette. Für Frische und Leichtigkeit sorgen Äpfel, Zitrone und Stangensellerie.

Bis zu einen Tag im Voraus vorbereiten: Für das Zitronenöl die abgeriebene Zitronenschale mit dem Olivenöl vermischen und im Kühlschrank aufbewahren. Für den Gazpacho Ciabatta bzw. Baguette in Apfelsaft und Essig einige Minuten einweichen. Sellerie und Äpfel waschen, grob schneiden und zusammen mit den restlichen Zutaten pürieren. Mit Salz und Pfeffer abschmecken und kalt stellen.

Wenn die Gäste da sind: Gazpacho in Tellern anrichten, mit Apfelscheiben garnieren, einige Tropfen Zitronenöl darüberträufeln und servieren.

Arbeitszeit: 10–20 Minuten
Schwierigkeitsgrad: leicht
Menge: 4–6 Portionen

5–6 Scheiben Ciabatta oder Baguette
250 ml Apfelsaft
4 EL Apfelessig
1 Bund Stangensellerie
2–3 Granny-Smith-Äpfel
Saft und abgeriebene Schale von 1 Bio-Zitrone
Salz
frisch gemahlener schwarzer Pfeffer
250 m Gemüsebrühe oder Wasser
125 ml Orangensaft
Apfelscheiben zum Garnieren

Für das Zitronenöl:
abgeriebene Schale von 1 Bio-Zitrone
250 ml Olivenöl

Dreigängemenü: Hauptgericht

Rindfleisch-Burger mit Coleslaw

Arbeitszeit: 40–50 Minuten
Schwierigkeitsgrad: mittel
Menge: 4–6 Portionen

30 g Butter, ½ Würfel Hefe
125 g Joghurt, 3 Eier
300 g Weizenmehl
1 EL Zucker, Salz
1 Eigelb zum Bepinseln
500 g Rindergehacktes
1 rote Zwiebel, Olivenöl zum Braten
eine kleine Handvoll Semmelbrösel
je ½ TL Koriander-, Kreuzkümmel- und Fenchelsamen
frisch gemahlener schwarzer Pfeffer
1 TL Dijonsenf
100 g Cheddar oder anderer Käse
Ketchup (siehe Seite 185)
Sesam zum Bestreuen
Essiggurkenscheiben, Salat oder Radieschensprossen, Avocados, Tomaten

Für den Coleslaw:
1 große Karotte, 1 kleiner Apfel
je ½ Rot- und Weißkraut
je 1 rote und gelbe Paprika
1 kleine Fenchelknolle
3–4 Radieschen, Saft von 1 Zitrone
1 TL Zucker, 3 EL Weißweinessig
2 EL Olivenöl, 2 EL Dijonsenf
250 g Joghurt
3–4 EL gehackte Kräuter (z. B. Petersilie, Koriander, Schnittlauch, Basilikum)
Salz
frisch gemahlener schwarzer Pfeffer

Ihre Gäste werden Sie für diesen Gourmet-Burger lieben! Aus Fast Food wird Slow Food. Burger Buns werden im Ofen oder auf dem Grill aufgebacken, Burgertoppings in kleinen Schüsseln auf den Tisch gestellt und Paddies verteilt. So ist jeder sein eigener Baumeister, und es schmeckt noch mal um einiges besser!

Vorbereiten: Für die Burger Buns Butter mit 30 Millilitern Wasser in einem kleinen Topf bei schwacher Hitze schmelzen, lauwarm abkühlen lassen und Hefe darin auflösen. Joghurt mit 2 Eiern verrühren und zur Hefe geben. Mehl, Zucker und 1 TL Salz vermengen, mit der Joghurtmasse vermengen und alles mit den Händen oder in der Küchenmaschine zu einem glatten Teig kneten. Zugedeckt etwa eine Stunde an einem warmen Ort ruhen lassen. Aus dem Teig golfballgroße Kugeln formen, mit etwas Abstand zueinander auf ein mit Backpapier ausgelegtes Backblech legen und abgedeckt weitere 20 Minuten gehen lassen. Backofen auf 180 °C vorheizen. Teigkugeln mit Eigelb bestreichen, mit dem Sesam bestreuen und 20–25 Minuten goldgelb backen.

Für die Paddies die Zwiebel schälen, in feine Würfel schneiden und in wenig Olivenöl 5–8 Minuten braten, bis sie karamellisiert. Etwas abkühlen lassen und zusammen mit Gehacktem, Semmelbröseln, 1 Ei, Gewürzen und Senf kräftig durchkneten. Dann mit angefeuchteten Händen 150–200 Gramm schwere Paddies formen und zu etwa 2 Zentimeter dicken Scheiben flachdrücken. Sie sollten am Rand etwas dicker sind als in der Mitte.

Bis zu 3 Stunden vorher: Für den Coleslaw Karotte schälen, Apfel, Kraut, Paprika, Fenchel und Radieschen waschen und alles grob raspeln. Die restlichen Zutaten dazugeben und mit den Händen gut durchmischen. Mit Salz und Pfeffer abschmecken und für mindestens 20 Minuten bis zu drei Stunden durchziehen lassen.

Wenn die Gäste da sind: Die Paddies in einer Grillpfanne oder auf einem Außengrill kräftig von beiden Seiten je 3–4 Minuten anbraten. Mit einer Scheibe Cheddar oder anderem Käse nach Wahl belegen und im Backofen bei 170 °C weitere 3–4 Minuten fertig grillen oder in Alufolie gewickelt ruhen lassen. Die Burger Buns halbieren und nach Wahl im Backofen zusammen mit den Paddies knusprig aufbacken. Auf beiden Brötchenhälften je 1 Teelöffel Ketchup verteilen. Je einen Paddy auf die untere Hälfte setzen und mit Tomaten- und Gurkenscheiben, Salat, Radieschensprossen und je einer Avocadoscheibe belegen. Obere Brötchenhälfte darauf legen. Mit Coleslaw servieren.

Dreigängemenü: Dessert

New York Style Cheesecake mit warmen Himbeeren

Natürlich sind die New Yorker fest davon überzeugt, der echte Cheesecake stamme aus ihrer Stadt, die wahren Cheesecake-Meister waren jedoch jüdische Einwanderer aus Deutschland. Echter Cream Cheese ist das A und O dieses heiß geliebten Dessertklassikers, mal mit Vanille, Zitrone, Orangenschale, Rum, Bourbon oder Amaretto verfeinert. Neben Himbeeren steht diesem weißen »Kuchengott« ein Kleid aus Äpfeln genauso wunderbar – entscheiden Sie sich für eine Variante oder probieren Sie gleich beides aus!

Arbeitszeit: 20–25 Minuten
Schwierigkeitsgrad: mittel
Menge: ein Kuchen

Für den Belag:
1 kg Frischkäse (am besten Doppelrahmstufe)
6 Eier
2 Eigelb
350 g Zucker
1 Prise Salz
25 g Weizenmehl
120 g Sahne
etwas Vanille
Saft von 1 Zitrone

Für den Boden:
50 g Butter
100 g Butterkekse oder süße Cracker

Für das Himbeer-Topping:
1 EL Zucker
1 Tasse Himbeeren
etwas abgeriebene Schale von 1 Bio-Limette
etwas Vanillepulver

Vorbereiten: Für den Boden den Backofen auf 180 °C vorheizen. Butter bei schwacher Hitze schmelzen lassen. Butterkekse oder Cracker in der Küchenmaschine fein mahlen, die Butter einfließen lassen und den Teig anschließend in eine mit Backpapier ausgelegte Kuchenform drücken. Den Boden 12 Minuten vorbacken, aus dem Ofen nehmen und die Hitze auf 260 °C erhöhen. Für den Belag Frischkäse mit sämtlichen Zutaten glatt rühren. Masse auf dem vorgebackenen Kuchenboden verteilen und 10 Minuten backen. Dann die Temperatur auf 100 °C reduzieren und 1 Stunde und 40 Minuten backen. Den Ofen in den letzten 15 Minuten auf 60 °C herunterschalten. Kuchen gut abkühlen lassen.

Für das Topping den Zucker in einem kleinen Topf bei mittlerer Hitze auflösen. Himbeeren, abgeriebene Limettenschale und Vanille hinzugeben und einige Minuten einkochen lassen.

Wenn die Gäste da sind: Himbeeren leicht erwärmen, Kuchen aufschneiden und das lauwarme Topping auf den Kuchenstücken verteilen.

Fünfgängemenü: Suppe

Kaltes Avocado-Gurken-Lassi mit Apfel-Salsa

Arbeitszeit: 15–20 Minuten
Schwierigkeitsgrad: leicht
Menge: 4–6 Portionen

Für das Lassi:
1 Salatgurke
1 Avocado, möglichst Sorte Hass
¼ TL Kreuzkümmel- und Koriandersamen
Salz
frisch gemahlener schwarzer Pfeffer
Chili nach Belieben
200 g Joghurt oder Sauerrahm
1 Schuss Orangensaft
Saft von 1 Limette
1 TL Weißweinessig
etwa 500 ml Brühe oder Wasser

Für die Salsa:
1 Granny-Smith-Apfel
3 EL Pinienkerne
½ Salatgurke
etwas frischer Koriander nach Belieben
2 EL Olivenöl
Saft von 1 Limette

Eigentlich ein Getränk, kann man Lassi prima auch als erfrischende und cremige Suppe servieren. Wenn Sie Gurke und Brühe weglassen, entsteht eine herrliche Avocadocreme zum Dippen von Tortillas oder Kartoffelspalten – die berühmte Guacamole.

Vorbereiten: Gurke schälen und in Stücke schneiden. Avocado halbieren, den Kern entfernen und das Fruchtfleisch mit den übrigen Zutaten bis auf die Brühe für das Lassi pürieren. Dann die Brühe, Menge nach Wunsch, hinzufügen und das Lassi kühl stellen.

Für die Salsa Apfel waschen, vierteln, entkernen und in 5 Millimeter große Würfel schneiden. Pinienkerne in einer Pfanne ohne Fett trocken rösten, bis sie zu duften beginnen. Gurke schälen, längs halbieren und die Kerne mit einem Löffel herauskratzen. Fruchtfleisch ebenfalls in 5 Millimeter große Würfel schneiden. Nach Belieben Koriander fein hacken. Alle Zutaten mit Olivenöl und Limettensaft in einer Schüssel vermengen.

Wenn die Gäste da sind: Lassi auf Teller verteilen und je 1 Esslöffel Salsa daraufgeben.

Fünfgängemenü: Vorspeise

Marinierte Wassermelone mit Radieschen, Feta & Cashewkernen

Ein frischer Snack für heiße Sommertage. Schmeckt auch ohne Käse mit gegrilltem Fisch oder Fleisch.

Vorbereiten: Für die Marinade Chilischote waschen, Samen und Scheidewände entfernen und die Schote fein hacken, Ingwer schälen und fein reiben. Alle Zutaten für die Marinade in ein sauberes Schraubdeckelglas geben, Glas schließen und gut schütteln.

Radieschen waschen und in Scheiben schneiden, Melonenfruchtfleisch in Würfel schneiden, Schafs- oder Ziegenkäse ebenfalls in Würfel schneiden oder in grobe Stücke brechen. Koriander waschen und grob hacken.

Wenn die Gäste da sind: Radieschen, Melonen, Käse und Koriander mit dem Dressing vermischen und auf Tellern anrichten. Mit den Cashewkernen garnieren.

Arbeitszeit: 15–20 Minuten
Schwierigkeitsgrad: leicht
Menge: 4–6 Portionen

4-5 Radieschen
⅛ Wassermelone
200 g Schafs- oder Ziegenkäse
einige Korianderstängel
eine Handvoll Cashewkerne

Für die Marinade:
1 Chilischote
1 Stück Ingwer (etwa 1 cm)
125 ml Orangensaft
2 EL Sesam- oder Erdnussöl
1 EL Essig nach Geschmack

Mein Tipp:

Wenn Sie wenig Zeit haben, bereiten Sie den Salat ohne Knusperring zu und servieren Sie gutes Gebäck dazu. Nicht jeder mag Sardellen im Dressing. Es schmeckt genauso gut ohne!

Fünfgängemenü: Salat

Cesar Salad im Sesam-Knusperring mit Salbeihuhn

Arbeitszeit: 20–30 Minuten
Schwierigkeitsgrad: anspruchsvoll
Menge: 4–6 Portionen

Für den Knusperring:
50 g Butter, 1 Ei
1 Packung Strudelteig (120 g)
weißer oder schwarzer Sesam zum Bestreuen

Für das Salbeihuhn:
4 Hühnerbrustfilets ohne Haut
4 getrocknete Tomaten in Öl
8–12 Salbeiblätter
4 Scheiben Prosciutto
Olivenöl zum Braten
frisch gemahlener schwarzer Pfeffer
2 EL Butter

Für das Dressing:
1 Knoblauchzehe
20 g Parmesan, 60 ml Olivenöl
2 Eigelb, 1 EL Kapern
20 g Sardellen, 1 TL Dijonsenf
1 Spritzer Weißweinessig
etwas Zitronensaft, Salz
frisch gemahlener schwarzer Pfeffer
2 Tropfen Tabasco, 125 ml Öl

Für den Salat:
250 g Cherrytomaten
Salz, Zucker, Thymian
1 Römer- oder Romanasalat
1 Avocado, Oliven, Kapern, geschmorte Zucchini oder Paprika
etwas Öl zum Schmoren nach Bedarf
Croûtons nach Belieben

Ein amerikanischer Salatklassiker, der traditionell mit Pauken und Trompeten als »Show« immer erst vor den Augen der Gäste in einer Holzschüssel per Hand zusammengefügt wird.

Vorbereiten: Backofen auf 120 °C vorheizen. Cherrytomaten für den Salat halbieren und mit der Schnittfläche nach oben auf ein mit Backpapier belegtes Backblech legen. Mit Salz, Olivenöl, Thymian und etwas Zucker bestreuen und 30–40 Minuten im Ofen trocknen lassen.

Für das Dressing ein hohes Gefäß mit einer geschälten Knoblauchzehe ausreiben. Parmesan reiben und mit allen Zutaten bis auf das Öl mixen. Das Öl in einem sehr dünnen Strahl langsam einfließen lassen, dabei weitermixen. Abschmecken und nach Bedarf etwas Wasser hinzufügen. Den Backofen auf 200 °C vorheizen.

Für die Knusperringe die Butter bei schwacher Hitze langsam schmelzen, von der Platte nehmen und das Ei rasch einrühren. 2–3 Strudelteigblätter halbieren, mit der Butter-Ei-Mischung bepinseln und zu je einem dicken Band zusammenlegen. Außen mit Butter-Ei-Mischung bepinseln. Ein Nudelholz mit Backpapier umwickeln, den Teig mit Sesam bestreuen und um das Nudelholz wickeln. Mit der Nahtseite nach unten auf ein mit Backpapier ausgelegtes Backblech legen. 5–7 Minuten goldbraun backen, noch warm vom Nudelholz lösen und abkühlen lassen.

Für das Salbeihuhn in jedes Hühnerbrustfilet seitlich eine kleine Tasche einschneiden, mit je einer getrockneten Tomate füllen, 2–3 Salbeiblätter darauf verteilen und mit dem Prosciutto einwickeln. Im Kühlschrank aufbewahren.

20 Minuten vorher: Backofen auf 170 °C vorheizen. Etwas Olivenöl in einer schweren Pfanne erhitzen. Die Hühnerbrustfilets auf beiden Seiten jeweils 3–5 Minuten kräftig anbraten. Filets zusammen mit 2 Esslöffeln Butter in Alufolie wickeln und bei 170 °C 10–15 Minuten backen. In der Zwischenzeit alle Zutaten für den Salat vorbereiten. Salat waschen, putzen, und abtropfen lassen. Tomaten und Gemüse waschen und klein schneiden, Avocado klein schneiden. Gemüse in etwas Öl schmoren, falls gewünscht.

Wenn die Gäste da sind: Salatzutaten mit dem Dressing marinieren und durchmischen. Je einen Knusperring auf einem Teller anrichten und mit dem Salat füllen. Das Huhn darüber legen, mit der Bratensauce beträufeln.

Mein Tipp:

Der Thunfisch sollte innen noch rosa sein, das sieht man am besten an den Seiten. Thunfisch kann schnell trocken werden, wenn er zu lange gebraten wird. Also lieber kürzer garen und länger nachziehen lassen.

Thunfisch mit Molle auf Bohnenmix-Salat mit Aprikosensalsa

Molle sind die rosa Beeren des brasilianischen Pfefferbaums, sie haben aber nichts mit dem echten roten Pfeffer zu tun. Die Beeren sind süßlich im Geschmack und duften ähnlich wie Wacholderbeeren etwas nach Baumharz. Sie passen zu pikanten Speisen genauso wie zu süßen. Thunfisch sollte nur ganz, ganz selten auf den Tisch kommen und auch nur dann, wenn man sich wirklich sicher sein kann, dass es sich um nicht allzu gefährdete Arten handelt.

Arbeitszeit: 20–25 Minuten
Schwierigkeitsgrad: leicht
Menge: 4–6 Portionen

Für den Fisch:
4–6 Thunfischsteaks à 120–150 g
2 EL Molle, 1 Bund Koriander
abgeriebene Schale von 1 Bio-Zitrone
grobes Meersalz
etwas Öl zum Braten

Für den Salat:
200 g Zuckerschoten
200 g Sojabohnen
1–2 Frühlingszwiebeln
1 EL Sesamöl, 1–2 TL Sesam
Salz
frisch gemahlener schwarzer Pfeffer
1 Handvoll Brunnenkresse, Rucola oder Babyspinat
½ Bund Koriander
1 Handvoll Sprossen

Für die Salsa:
6–8 Aprikosen
50 g Pinienkerne
1 rote Chilischote
1 Stück Ingwer (etwa 1 cm)
Saft von 1 Zitrone
1 TL weißer Balsamico
Salz
frisch gemahlener schwarzer Pfeffer

Für das Dressing:
Saft von 1 Limette und 1 Orange
3 EL Olivenöl
3 EL Reisessig oder Apfelessig
1 EL Sojasauce, 1 EL Sesamöl
1 Stück Ingwer (etwa 3 cm)

Vorbereiten: Backofen auf 170 °C vorheizen. Molle im Mörser grob zerstoßen, Koriander waschen und fein hacken. Beides mit der abgeriebenen Zitronenschale mischen. Thunfischsteaks in der Kräutermischung wenden, diese gut andrücken.

Für die Salsa die Aprikosen waschen und in kleine Würfel schneiden. Pinienkerne im Backofen 4–8 Minuten rösten, Chilischote waschen, Samen und Scheidewände entfernen und die Schote fein hacken, Ingwer schälen und fein reiben. Sämtliche Zutaten für die Salsa vermischen und mit Salz und Pfeffer abschmecken.

Für das Dressing alle Zutaten bis auf den Ingwer in ein sauberes Schraubdeckelglas geben. Ingwer schälen, fein reiben, daraus den Ingwersaft in das Glas pressen. Die Ingwerfasern wegwerfen. Glas schließen und gut schütteln. Zuckerschoten waschen und zusammen mit den Sojabohnen in kochendes Salzwasser geben, 2–3 Minuten blanchieren und mit kaltem Wasser abschrecken. Zuckerschoten in dünne Streifen schneiden, Frühlingszwiebel waschen und in dünne Scheiben schneiden.

Wenn die Gäste da sind: Zuckerschoten, Sojabohnen und Frühlingszwiebeln in Sesamöl anbraten. Sesam, Salz und Pfeffer zugeben. Brunnenkresse, Rucola oder Babyspinat waschen, putzen und mit dem Gemüse in eine große Schüssel geben. Koriander waschen, fein hacken und mit Gemüse, Sprossen und dem Dressing vermischen. In derselben Pfanne wenig Öl erhitzen und Thunfischsteaks auf beiden Seiten jeweils etwa 30 Sekunden braten, dann erst salzen. Salat auf Teller verteilen und Thunfisch darauf anrichten. 1 Esslöffel Salsa auf jedes Steak setzen und mit einigen Tropfen der Marinade beträufeln.

Mein Tipp:

Bei wenig Zeit können Sie die Mandelcreme ganz weglassen oder durch Marmelade oder grob gehackten karamellisierten Ingwer (siehe Seite 187) ersetzen.

Fünfgängemenü: Dessert

Knusprige Mandelcreme-Tartes mit Früchten

Arbeitszeit: 25–30 Minuten
Schwierigkeitsgrad: mittel
Menge: eine große oder 4–6 kleine Tartes

Für den Teig:

- 200 g Weizenmehl
- 2 EL Zucker
- Salz
- 100 g kalte Butter

Für den Belag:

- 500 g Früchte nach Wahl
- 100 g Butter
- feiner Zucker

Für die Mandelcreme:

- 100 g Mandeln
- 100 g Zucker
- 100 g Butter
- 1 Ei

Das Geheimnis dieser feinen Tartes liegt in der Zubereitung des Teigs, die ich in der Patissierie »Chez Panisse« gelernt habe. Er sollte mürb und knusprig zugleich sein. Eine Mischung aus Blätter- und Mürbeteig. Das Beste daran: Das ist keine große Hexerei! Diese Tarte schmeckt mit allen Früchten, die die Saison gerade zu bieten hat, ausgezeichnet. Von Apfel bis Kirsche über Aprikose bis Pflaume. Eingelegtes Obst wie Quitten eignet sich genauso gut.

Vorbereiten: Für den Teig Mehl, Zucker und Salz in eine Schüssel geben. Die kalte Butter in Würfel schneiden und mit einer Teigkarte grob in den Teig einarbeiten. Nicht zu lange kneten, es müssen noch kleine Butterstücke sichtbar sein. 50 Milliliter kaltes Wasser zugeben und den Teig rasch zu einer Kugel zusammendrücken, aber nicht kneten. Den Teig leicht flach drücken, in Frischhaltefolie wickeln und im Kühlschrank für 30 Minuten ruhen lassen. Sollen mehrere kleine Tartes gebacken werden, den Teig in 4–6 Portionen aufteilen und einzeln in Frischhaltefolie wickeln. Währenddessen die Früchte je nach Sorte und Wunsch waschen, halbieren, in Scheiben schneiden oder achteln. Butter in einem kleinen Topf bei kleiner Hitze schmelzen lassen.

Für die Mandelcreme Mandeln mit heißem Wasser überbrühen, kurz abkühlen lassen und schälen. Anschließend in einer Pfanne ohne Fett rösten, bis sie zu duften beginnen, wieder abkühlen lassen und mit dem Zucker in der Küchenmaschine fein mahlen. Butter dazugeben und zu einer feinen Masse mixen. Zum Schluss das Ei untermengen. Teig aus dem Kühlschrank nehmen und mit einem Nudelholz rund und 2–3 Millimeter dick ausrollen, entweder zu einer großen Tarte oder zu 4–6 kleinen. Auf ein mit Backpapier belegtes Blech legen und mit der Mandelcreme bestreichen. Mit dem Obst belegen und den Rand einschlagen. Mit der geschmolzenen Butter bestreichen und mit etwas Zucker bestreuen. Die Tarte(s) im Backofen bei 180 °C 10–15 Minuten goldbraun backen.

Wenn die Gäste da sind: Tartes bzw. aufgeschnittene Tarte servieren.

Dreigängemenü: Suppe

Kalte Gurken-Joghurt-Suppe mit Räucherfisch-Brandade

Joghurtgetränke und kalte Suppen auf Joghurtbasis sind genau die richtige Erfrischung für heiße Sommertage und lassen sich im Nu zubereiten.

Vorbereiten: Gurke schälen, längs halbieren und Kerne mit einem Löffel herausschaben. Minze und Dill waschen, Blättchen abzupfen. Gurke, Kräuter, Joghurt, Gewürze und Zitronensaft und -schale für die Suppe fein pürieren. Mit Salz und Pfeffer abschmecken.

Backofen auf 180 °C vorheizen. Für die Brandade Kartoffel schälen, etwa 20 Minuten in Salzwasser weich kochen und mit einer Gabel zerdrücken. Dill waschen und fein hacken. Alle Zutaten für die Brandade mit der Gabel gut zu einer streichfähigen Masse zerdrücken. Baguette schräg in Scheiben schneiden und im Backofen 5–10 Minuten aufbacken.

Wenn die Gäste da sind: Brotscheiben mit der Brandade bestreichen und zur mit etwas Olivenöl beträufelten Suppe reichen.

Arbeitszeit: 15–20 Minuten
Schwierigkeitsgrad: leicht
Menge: 4–6 Portionen

Für die Suppe:
1 Salatgurke
1 Bund Minze
1 Bund Dill
500 g Joghurt
je 1 Prise Kreuzkümmel und Koriander
Saft und 1 TL abgeriebene Schale von ½ Bio-Zitrone
Salz
frisch gemahlener schwarzer Pfeffer

Für die Brandade:
1 Kartoffel
etwas frischer Dill
1 EL Crème fraîche
1 TL Senf
200 g Räucherfisch
abgeriebene Schale von 1 Bio-Zitrone
Salz
frisch gemahlener schwarzer Pfeffer

Außerdem:
1 Baguette
etwas Olivenöl zum Beträufeln

Dreigängemenü: Vegetarisch

Pizza Bianco mit Ricotta, Feigen & Pinienkernen

Arbeitszeit: 15–20 Minuten
Schwierigkeitsgrad: leicht
Menge: 4–6 Portionen

Für den Teig:
400 g Weizenmehl, möglichst Typ 00
1 TL Salz
½ Würfel Hefe
1 TL Zucker
1 EL Olivenöl

Für den Belag:
20 g Parmesan oder Pecorino
200 g Ricotta
abgeriebene Schale von 1 Bio-Zitrone
8 Feigen
150 g Ziegenkäse
50–100 g Pinienkerne
Salz
frisch gemahlener schwarzer Pfeffer
etwas Olivenöl zum Beträufeln
eine Handvoll Rucola

Für die Balsamicoglace:
200 ml Balsamico
1 TL brauner Zucker

Ich liebe Pizza, wie sie ganz unten in Apulien gebacken wird: Ein knusprig-dünner Boden mit fast schwarzen Blasen an den Rändern. Auch hier gilt: Sie dirigieren den Geschmack! Wie dünn oder dick der Teig sein soll, bestimmen Sie. Versuchen Sie, Mehl vom Typ 00 zu bekommen, sonst verwenden Sie einfaches Weizenmehl Typ 405.

Vorbereiten: Für den Teig Mehl und Salz in eine große Schüssel geben und in der Mitte eine Mulde formen. Hefe, Zucker und 3–4 Esslöffel lauwarmes Wasser in einer kleinen Schüssel verrühren und 10–15 Minuten abgedeckt an einem warmen Ort gehen lassen, bis sich kleine Bläschen an den Rändern bilden. Nun das Olivenöl und noch etwa 220 ml lauwarmes Wasser dazugeben und alles etwa 5 Minuten zu einem geschmeidigem Teig kneten. Mit einem Küchentuch bedeckt 1 Stunde an einem warmen Ort gehen lassen. Anschließend noch einmal durchkneten. Teig in 4-6 Kugeln teilen und zu dünnen, runden Fladen oder ungeteilt zu einer großen Teigplatte ausrollen.

Für die Balsamicoglace den Balsamico mit 1 Teelöffel braunem Zucker bei schwächster Hitze 20–30 Minuten auf die Hälfte reduzieren. Backofen auf 220 °C vorheizen. 2 Backbleche mit Backpapier auslegen und die Pizzen darauf verteilen bzw. mit dem Teig ganzflächig belegen. Parmesan oder Pecorino reiben, mit Ricotta und abgeriebener Zitronenschale verrühren und auf dem Teig verteilen. Feigen waschen, in Stücke zupfen und auf der Pizza verteilen. Ziegenkäse darüberbröseln, mit den Pinienkernen bestreuen und mit Salz und Pfeffer würzen.

20 Minuten vorher: Etwas Olivenöl über die Pizza(s) träufeln und sie 10–15 Minuten im Ofen backen. Rucola waschen und abtropfen lassen.

Wenn die Gäste da sind: Mit Rucola bestreut und Balsamicoglace beträufelt servieren.

Mein Tipp:

Statt Haselnüssen schmecken Mandeln, Walnüsse oder gehackte Pinienkerne ebenso gut. Statt Johannisbeeren eignen sich andere Früchte der Saison wie Heidelbeeren, Brombeeren oder Himbeeren.

Dreigängemenü: Dessert

Johannisbeer-Tarte mit Haselnuss-Baiserhaube

Als Kind wurde ich stets zum Pflücken von Ribiseln, wie die Johannisbeeren bei uns in Österreich heißen, in den Garten geschickt und war froh, wenn ich so viel gesammelt hatte, wie für eine Tarte nötig war. Doch ich wurde auch jedes Mal mit einem herrlich süßsauren und lockeren Dessert belohnt. Selbst pflücken lohnt sich … so schmeckt alles noch einmal so gut!

Vorbereiten: Backofen auf 180 °C vorheizen. Alle Zutaten für den Tarteboden zu einem glatten Teig verkneten. Teig etwa 5 Millimeter dick ausrollen und eine Tarteform damit auskleiden. Für 30 Minuten kühl stellen. Backpapier auf die Größe der Form schneiden und auf den Teig legen. Mit Hülsenfrüchten beschweren und etwa 15 Minuten blindbacken. Dann den Boden abkühlen lassen. Das Backpapier mit den Hülsenfrüchten entfernen. 3 Esslöffel Konfitüre auf dem Teigboden verteilen. Johannisbeeren waschen und von den Rispen streifen. Mit je 1 EL Zucker und Stärke vermengen und auf dem Tarteboden verteilen. Eiweiß mit Salz steif schlagen, restlichen Zucker dazugeben und eine Minute weiterrühren. Haselnüsse darunterheben und auf den Johannisbeeren verteilen. Etwa 25 Minuten goldbraun backen.

Wenn die Gäste da sind: Tarte aufschneiden und nach Wunsch mit Johannisbeerrispen garniert servieren.

Arbeitszeit: 20–25 Minuten
Schwierigkeitsgrad: leicht
Menge: eine Tarte

Für den Boden:

1 Ei
40 g Zucker
80 g Butter
200 g Weizenmehl

Für den Belag:

250 g Johannisbeeren
3 EL Konfitüre nach Geschmack
160 g Zucker
1 EL Maisstärke
3 Eiweiß
1 Prise Salz
200 g gemahlene Haselnüsse
Johannisbeerrispen zum Garnieren

Mein Tipp:

Für die warme Variante eine Messerspitze Safran in Orangensaft auflösen, mit den übrigen Zutaten pürieren und mit gebratener Chorizo oder Croutons servieren.

Fünfgängemenü: Vorspeise

Ajo Blanco mit Trauben & Traubenkernöl

Arbeitszeit: 15–20 Minuten
Schwierigkeitsgrad: leicht
Menge: 4–6 Portionen

- 1 Knoblauchknolle
- 200 g Mandeln
- 1 weiße Zwiebel
- etwas Olivenöl
- 200 g Ciabatta
- je ¼ TL Kreuzkümmel- und Koriandersamen
- Salz
- frisch gemahlener schwarzer Pfeffer
- 1 Schuss Sherryessig oder Weißweinessig
- 500 ml Brühe oder Wasser
- 160 ml Orangensaft
- einige Muskattrauben
- etwas Traubenkernöl

Durch das Schmoren im Backofen wird der Knoblauch angenehm süßlich-weich und verliert seinen penetrant scharfen Geschmack. Jede Zehe lässt sich so ganz einfach aus der Schale pellen. Perfekt für heiße Sommertage – auch zum Lunch oder für ein Tête-à-Tête am Abend, denn vom Knoblauchgeruch ist nichts mehr zu übrig.

Vorbereiten: Backofen auf 180 °C vorheizen. Knoblauchknolle in Alufolie wickeln und 20 Minuten im Ofen rösten. Mandeln mit heißem Wasser überbrühen, kurz abkühlen lassen, schälen und ebenfalls im Backofen auf einem Backblech 8–10 Minuten rösten. Knoblauch herausnehmen, kurz abkühlen lassen, aus der Folie wickeln und das Knoblauchmark ausdrücken. Zwiebel schälen, fein hacken und in etwas Olivenöl 3–5 Minuten anbraten. Alle Zutaten bis auf die Trauben und das Öl pürieren und kalt stellen.

Wenn die Gäste da sind: Suppe mit Trauben und Traubenkernöl anrichten.

Mein Tipp:

Oktopus kann mehrere Tage vorher in Öl gegart werden und sollte gut verschlossen und kühl im Öl gelagert werden. Das übrige Öl vom Oktopus hält sich im Kühlschrank mindestens eine Woche.

Fünfgängemenü: Salat

Oktopussalat mit Stangensellerie, Minze, Oliven & Aprikosen

Oktopus wird in Olivenöl und Weißwein butterweich geschmort und macht sich hervorragend in diesem sommerlich-frischen Salat oder einfach nur pur mit frischem Baguette.

Arbeitszeit: 15–20 Minuten
Schwierigkeitsgrad: leicht
Menge: 4–6 Portionen

- 1 kleinerer Oktopus (etwa 500 g)
- 500 ml Olivenöl
- 200 ml trockener Weißwein
- 1 TL Salz
- 1 Lorbeerblatt
- 1 Chilischote
- einige Koriander- und Fenchelsamen
- einige Pfefferkörner
- 2–3 Stangen Sellerie
- 4–6 Aprikosen
- 1 kleines Bund Minze
- eine Handvoll Salat nach Geschmack
- eine Handvoll Oliven
- Olivenöl- oder Tomatendressing (siehe Seite 184)

Vorbereiten: Oktopus in einen Topf mit Wasser legen und darin aufkochen lassen. Wasser abseihen, den Oktopus mit Olivenöl und Wein bedecken. Die Gewürze ebenfalls in den Topf geben und alles bei schwacher Hitze etwa eine Stunde schmoren lassen. Dann den Oktopus vorsichtig aus dem heißen Olivenöl nehmen, etwas abkühlen lassen und in mundgerechte Stücke schneiden.
In der Zwischenzeit Sellerie schälen und in Streifen hobeln oder in Scheiben schneiden. Aprikosen waschen, entkernen und ebenfalls in mundgerechte Stücke zupfen. Minze waschen und die Blättchen abzupfen. Größere Blätter grob hacken. Salat waschen und abtropfen lassen.

Wenn die Gäste da sind: Alle Zutaten für den Salat vermengen und mit dem Dressing anrichten.

Mein Tipp:

Die Sauce schmeckt genauso gut mit pochiertem Fisch oder kurz gebratenem Huhn. Probieren Sie statt Kerbel auch mal Petersilie oder frischen Koriander.

Fünfgängemenü: Vegetarisch

Pfifferling-Ravioli mit Kartoffel-Kerbel-Fond

Arbeitszeit: 30–40 Minuten
Schwierigkeitsgrad: anspruchsvoll
Menge: 4–6 Portionen

Für den Pastateig:

200 g Hartweizengrieß, 2 Eier
1 EL Wasser, 1 Prise Salz

Für die Füllung:

2 Thymianzweige, 1 Rosmarinzweig
etwas Petersilie
2 Schalotten, 1 Knoblauchzehe
200 g Pfifferlinge
abgeriebene Schale von 1 Bio-Zitrone
200 g Ricotta, Salz
frisch gemahlener schwarzer Pfeffer
frisch geriebene Muskatnuss

Für den Fond:

1 Schalotte, 1 Knoblauchzehe
1 Kartoffel
je 1 Msp Koriander- und Fenchelsamen
je 1 Schuss Noilly Prat und Weißwein
125 ml Brühe
Saft und abgeriebene Schale von 1 Bio-Zitrone
1 EL Dijonsenf
1 kleines Bund Kerbel
50 ml Olivenöl, Salz
frisch gemahlener schwarzer Pfeffer

Außerdem:

1 Ei zum Bepinseln
Weizenmehl für die Arbeitsfläche
Butter und Olivenöl zum Braten
Feldsalat und Pecorino zum Anrichten
Nussöl zum Beträufeln

Ravioli selbst herzustellen macht nicht nur Spaß, sondern bietet auch unzählige Möglichkeiten für Füllungen.

Vorbereiten: Für den Pastateig alle Zutaten rasch zu einem Teig kneten, in Frischhaltefolie wickeln und im Kühlschrank für 20 Minuten ruhen lassen. Für die Füllung Thymian,- Rosmarin- und Petersilienblättchen abzupfen, waschen, fein hacken. Schalotten und Knoblauch schälen, hacken und zusammen mit den Kräutern in etwas Butter und Olivenöl 5–10 Minuten anbraten. Pfifferlinge putzen, mit der abgeriebenen Zitronenschale dazugeben und 5–10 Minuten braten. Etwas abkühlen lassen, mit Ricotta, Salz, Pfeffer und Muskat vermischen und mit dem Mixer zur gewünschten Konsistenz verarbeiten. Die Masse im Kühlschrank abkühlen lassen und dann in einen Spritzbeutel mit runder Tülle streichen.

Für den Fond Schalotten und Knoblauch schälen, fein hacken und in etwas Butter und Olivenöl anschwitzen. Kartoffel schälen und fein würfeln. Mit den Gewürzen zu den Schalotten geben und etwa 5 Minuten mitbraten. Mit Weißwein und Noilly Prat ablöschen und der Brühe aufgießen. Etwa 10 Minuten leise köcheln lassen, dann abgeriebene Zitronenschale und -saft sowie Senf unterrühren. Kerbelblättchen dazugeben und die Brühe pürieren. Gleichzeitig tröpfchenweise das Olivenöl in die Sauce laufen lassen, nach Bedarf noch etwas Brühe oder Wasser zugeben. Mit Salz und Pfeffer abschmecken.

Den Teig aus dem Kühlschrank nehmen und mit dem Nudelholz oder der Nudelmaschine zwei dünne Teigplatten 1–2 Millimeter dick ausrollen. Auf eine Teigplatte mit dem Spritzbeutel im Abstand von etwa 3 Zentimetern kleine Häufchen spritzen. Die Zwischenräume mit einem verquirltem Ei einpinseln, dann die andere Teigplatte darüberlegen und die Zwischenräume gut aufeinanderdrücken. Mit einem Teigrädchen ausschneiden oder mit einem Wasserglas ausstechen. Bis zur Weiterverwendung auf eine mit Mehl bestäubte Arbeitsfläche legen oder nebeneinander einfrieren. Feldsalat waschen, putzen und abtropfen lassen.

Wenn die Gäste da sind: Die Ravioli in einem großen Topf mit leicht kochendem Salzwasser 2–3 Minuten ziehen lassen. Wenn sie aufgestiegen sind noch eine weitere Minute garen. Etwas Sauce auf die vorbereiteten Teller verteilen, 3–4 Ravioli pro Person anrichten. Ein Sträußchen Feldsalat auf die Pasta setzen, Pecorino darüberreiben und zum Schluss etwas Nussöl darüberträufeln.

Fünfgängemenü: Fisch

Gebratene Renke auf Fenchelsalat & Estragonwaffeln

Kross gebratener Fisch wird auf knackigen Salat gebettet, sein Saft von einer locker-pikanten Estragonwaffel aufgesaugt. Ein herrliches Sommergericht. Renke, Reinanke oder Felchen sind übrigens regionale Namen für ein und dieselbe Fischart.

Arbeitszeit: 20–30 Minuten
Schwierigkeitsgrad: mittel
Menge: 4–6 Portionen

4–6 Renkenfilets (à etwa 120 g)
1 Rosmarinzweig
Salz
frisch gemahlener Pfeffer

Für die Marinade:
125 ml Weißweinessig
125 ml fruchtiges Olivenöl
Saft von 1 Zitrone
1 TL süßer Senf
125 ml Orangensaft

Für den Salat:
4 Radieschen
2 Fenchelknollen
1–2 Frühlingszwiebeln
2 EL Pinienkerne
4-6 ganze Radicchioblätter

Für die Waffeln:
4 EL Butter
3 EL Estragonblättchen
2 Eier
240 ml Buttermilch
1 TL Backpulver
200 g Weizenmehl

Vorbereiten: Zutaten für die Marinade in ein sauberes Schraubdeckelglas füllen, Glas verschließen und gründlich schütteln.

Für die Waffeln Butter schmelzen und zusammen mit den übrigen Zutaten mischen. Bis zu einen Tag im Kühlschrank ruhen lassen. Fischfilets an der Hautseite 4–5-mal leicht einschneiden und mit einigen Rosmarinnadeln spicken. Leicht salzen und pfeffern.

Bis zu 20 Minuten vorher: Backofen auf 80–100 °C vorheizen. Radieschen, Fenchel und Frühlingszwiebeln waschen und in dünne Scheiben schneiden. Pinienkerne in einer Pfanne ohne Fett trocken rösten, bis sie zu duften beginnen. Salatblätter waschen und abtropfen lassen. Radieschen, Fenchel, Frühlingszwiebeln und Pinienkerne mit dem Dressing marinieren.

Waffeln backen und im Backofen warm halten. Filets nur auf der Hautseite bei mittlerer Hitze 5–8 Minuten knusprig braten, bis sie in der Mitte etwas glasig aussehen. Wenn nötig, im Backofen bei 100 °C in der Pfanne liegend einige Minuten ziehen lassen oder kurz auf der anderen Seite braten.

Wenn die Gäste da sind: Je ein Radicchioblatt auf den Waffeln verteilen, mit dem Salat füllen und den Fisch daraufsetzen.

Mein Tipp:

Für die Madeleines verwende ich gerne nostalgische Löffel, die ich günstig auf dem Flohmark kaufe. Damit bekommt das Dessert auch optisch das gewisse Etwas.

Fünfgängemenü: Dessert

Affogato mit Mandeleis & Löffelmadeleines

Arbeitszeit: 20–25 Minuten
Schwierigkeitsgrad: mittel
Menge: 8–10 Portionen

1 Espresso pro Person

Für die Mandeleiscreme:

- 100 g Mandelblättchen
- 250 ml Milch
- 150 g Zucker
- 3 EL Marzipan
- 6 Eigelb
- Bittermandelöl nach Belieben
- 250 g Sahne

Für die Madeleines:

- 1 Ei
- 1 EL feiner Zucker
- 30 g Butter
- 2 EL Weizenmehl
- ½ TL Backpulver
- 1 EL Kakaopulver
- Puderzucker zum Bestreuen

Ein Affogato ist ein sehr schnelles und einfaches Dessert, das trotzdem die nötige Klasse mit sich bringt: Eine Kugel Eis wird in einem kurzen Espresso ertränkt.

Vorbereiten: Für das Eis Mandeln in einer Pfanne ohne Fett trocken rösten, bis sie zu duften beginnen. Mit Milch, Zucker und Marzipan zusammen erhitzen. 20 Minuten durchziehen lassen und durch ein Sieb seihen. Eigelbe und Bittermandelöl nach Belieben mit einer kleinen Menge der heißen Milchmischung in einer kleinen Schüssel vermengen. Nun die übrige Milch zu den Eigelben geben und gut verrühren. Die Mischung zurück in den Topf geben und bei geringster Hitze unter stetigem Rühren 5–8 Minuten leicht eindicken lassen. Dann die kalte Sahne in eine Schüssel geben, die Eiermilch dazugeben, gut durchrühren und in der Eismaschine cremig rühren.

Für die Madeleines Ofen auf 180 °C vorheizen. Mit einem Schneebesen Ei und Zucker in einer Schüssel aufschlagen. Butter schmelzen, unterrühren, dann Mehl, Backpulver und Kakaopulver unterheben. Einige Löffel nach Wahl mit Butter ausstreichen auf einem mit Backpapier belegten Blech verteilen. Eventuell die Löffel mit Holzleisten oder kleinen Porzellanförmchen stützen, damit der Teig nicht ausläuft. Jeden Löffel zu zwei Dritteln mit dem Teig füllen und etwa 8 Minuten im Ofen backen.

1 Stunde vorher: Eis aus dem Tiefkühlfach nehmen und in den Kühlschrank stellen.

Wenn die Gäste da sind: Je eine Kugel Eis in Espressotassen verteilen und mit dem Espresso aufgießen. Die Madeleines mit Puderzucker bestreuen und zusammen mit dem Affogato servieren.

Mein Tipp:

Einige Eiswürfel in der Suppe verhindern, dass sie zu schnell warm wird und machen optisch einiges her! Sellerie-Stangen oder Gurkensticks sind zum Dippen besonders gut geeignet.

Dreigängemenü: Suppe

Gazpacho Andaluz mit Salzmandel-Zwieback

An mein erstes Gazpacho in Spanien erinnere ich mich noch genau. Es war frisch und sämig zugleich, hatte kleine Gemüsewürfel an der Seite und duftete leicht nach Orange – ganz typisch für Sevilla, wo Orangenbäume zum Stadtbild gehören.

Arbeitszeit: 20–25 Minuten
Schwierigkeitsgrad: leicht
Menge: 4–6 Portionen

1 rote Zwiebel
3 Knoblauchzehen
je 1 gelbe und rote Paprika
1 Salatgurke
3–4 Fleischtomaten
½ Ciabatta oder anderes Weißbrot
2 EL Kapern
je ½ TL Kreuzkümmel- und Koriandersamen
1 EL Sherry- oder Rotweinessig
1 EL Olivenöl
Saft und abgeriebene Schale von 1 Bio-Orange
500–700 ml Gemüsebrühe
Salz
frisch gemahlener schwarzer Pfeffer

Für den Zwieback:
3 Eiweiß
10 g Zucker
1 TL Salz
Thymian oder andere Kräuter
100 g Maismehl
100 g ganze Salzmandeln

Vorbereiten: Zwiebel schälen und in Würfel schneiden. Knoblauch leicht andrücken und aus der Schale lösen. Paprika waschen, Samen und Scheidewände entfernen und das Fruchtfleisch grob würfeln. Gurke schälen, längs halbieren, entkernen und ebenfalls grob würfeln. Tomaten waschen und vierteln. Je 2–3 Esslöffel Paprika, Gurke und Tomate feiner würfeln und für die Garnitur zurücklegen. Ciabatta in Stücke schneiden und mit allen anderen Zutaten für den Gazpacho pürieren. Mit Salz, Pfeffer und Essig abschmecken.

Für den Zwieback Backofen auf 180 °C vorheizen. Das Eiweiß zu Schnee schlagen, dann Zucker, Salz, Kräuter, Mehl, und Mandeln unterheben. 40–50 Minuten im Ofen backen. Zwieback in dünne Scheiben schneiden und die Scheiben bei 150 °C im Backofen 15–20 Minuten rösten.

Wenn die Gäste da sind: Die Suppe auf Teller oder Gläser verteilen, je etwa 1 Teelöffel von den Gemüsewürfeln darauf verteilen und je 2–3 Zwiebackscheiben dazu reichen.

Dreigängemenü: Hauptgericht

Knurrhahn & Venusmuscheln im Fenchel-Chorizo-Fond

Arbeitszeit: 20–25 Minuten
Schwierigkeitsgrad: mittel
Menge: 4–6 Portionen

2 kleine Knurrhahnfilets ohne Haut
500 g Venusmuscheln
100 g Kichererbsen
je 1 rote und gelbe Paprika
3 Schalotten, 1 Knoblauchzehe
50 g Chorizo
1 Kartoffel
2-3 Fleischtomaten
1 Lorbeerblatt
je 1 TL Koriander- und Fenchelsamen
1 TL Senfkörner
1 Msp Paprikapulver
je 1 Thymian- und Rosmarinzweig
1 EL Tomatenmark
125 ml Weißwein
1 Msp Safran
½ TL Piment d'Espelette
Saft und abgeriebene Schale von 1 Bio-Orange
Salz
1 Fenchelknolle
Olivenöl zum Braten

Für die Paprika-Rouille:

1 kleine Kartoffel, Salz
je 1 rote oder gelbe Paprika
1 Knoblauchzehe
1 Eigelb
1–2 EL Zitronensaft
1 TL Pimenton de la Vera oder Paprika edelsüß
frisch gemahlener schwarzer Pfeffer
150 ml Öl

Außerdem:

1 Baguette oder Ciabatta
etwas Chorizo nach Belieben

Dieser herrlich aromatische Fischeintopf duftet nach Sommer und Meer!

Vorbereiten: Für den Eintopf Kichererbsen über Nacht in Wasser einweichen, am nächsten Tag mit frischem Wasser 30–40 Minuten weich kochen. Paprika waschen, Samen und Scheidewände entfernen. Schalotten, Knoblauch, Chorizo und Paprika in grobe Würfel schneiden. Kartoffel schälen und reiben. Tomaten waschen und vierteln. In einem Topf etwas Olivenöl erhitzen, zuerst Schalotten 5–10 Minuten kräftig anbraten, dann Knoblauch, Chorizo, Kartoffel und Paprika dazugeben und ebenfalls kräftig einige Minuten anbraten. Koriander- und Fenchelsamen, Senfkörner, Paprikapulver, Thymianblättchen, Rosmarinnadeln und Tomatenmark dazugeben und 1 Minute mitbraten. Mit Weißwein ablöschen. Safran, Piment d'Espelette, Orangensaft und abgeriebene Schale hinzufügen. 20–25 Minuten köcheln lassen. Ein- bis zweimal durchmixen und den Fond durch ein Sieb seihen. Mit Salz abschmecken.

Für die Paprika-Rouille Backofen auf 200 °C vorheizen. Die Kartoffel schälen, in kleine Stücke schneiden und in leichtem Salzwasser 10–15 Minuten weich kochen. Paprika im Backofen 20–30 Minuten rösten, bis sie fast schwarz ist und Blasen bekommt. Aus dem Ofen nehmen, mit Alufolie bedecken und etwas abkühlen lassen. Dann Schale, Samen und Scheidewände entfernen. Knoblauch schälen und grob hacken. Alle Zutaten bis auf das Öl pürieren, dann das Öl in dünnem Strahl bei laufendem Mixer langsam zufügen. Fenchel waschen, in feine Würfel schneiden. Fenchelgrün für die Garnitur beiseitestellen und den Fenchel im Fond 5–10 Minuten bissfest oder weich kochen. Muscheln unter fließend kaltem Wasser abbürsten, geöffnete Muscheln wegwerfen. Knurrhahn in mundgerechte Stücke schneiden. Kichererbsen, Knurrhahn und Muscheln in den Fond legen und 4–6 Minuten im geschlossenen Topf bei schwacher Hitze fertig garen, bis sich die Muscheln geöffnet haben. Geschlossene Muscheln wegwerfen. Eintopf warm halten.

Wenn die Gäste da sind: Baguette oder Ciabattascheiben toasten, mit der Paprika-Rouille bestreichen und zum Fisch servieren. Mit Fenchelgrün und eventuell mit kurz gebratenen Chorizostücken garnieren.

Mein Tipp:

Falls Sie eine etwas leichtere Variante bevorzugen, verwenden Sie statt Mascarpone Ricotta oder Joghurt. Auch Fruchtpürees sind der ideale Begleiter für dieses Sommerdessert.

Dreigängemenü: Dessert

Nektarinen-Mandel-Kuchen mit Honigkaramell

Ein besonders saftiger Kuchen ohne Mehl, der mit Birnen, Aprikosen, Äpfeln oder Quitten variiert werden kann.

Arbeitszeit: 15–20 Minuten
Schwierigkeitsgrad: leicht
Menge: ein Kuchen

- 4 Nektarinen
- 1 EL Butter
- 4 Eier
- 100 g Zucker
- 200 g gemahlene Mandeln
- 1½ TL Backpulver
- 200 g Mascarpone oder Crème fraîche
- 1 EL Maisstärke
- 100 g Honig
- 250 g Sahne
- Butter für die Form
- Weizenmehl für die Form
- Puderzucker zum Bestreuen

Vorbereiten: Backofen auf 170 °C vorheizen. Nektarinen waschen, entkernen und in Spalten schneiden. Butter in einer Pfanne schmelzen und Nektarinen darin kurz braten. Eier und Zucker schaumig rühren. Mandeln mit Backpulver mischen und zusammen mit Mascarpone oder Crème fraîche und Maisstärke in die Eier-Zucker-Masse einrühren. Eine runde Kuchenform mit Butter ausstreichen und mit Mehl bestäuben. Die Hälfte der Kuchenmasse in der Form verteilen, dann die Nektarinenspalten darauf verteilen und mit dem restlichen Teig bedecken. 25 Minuten im Ofen auf der mittleren Einschubhöhe backen. Dann die Temperatur auf 150 °C reduzieren und weitere 15 Minuten backen.

Für den Honigkaramell Honig und Sahne zusammen aufkochen und abkühlen lassen.

Wenn die Gäste da sind: Den Kuchen mit Puderzucker bestreuen, Honigkaramell mit dem Schneebesen zu einer etwas dickeren Creme aufschlagen und mit dem Kuchen servieren.

Fünfgängemenü: Suppe

Gebackene Tomatensuppe mit Lardo-Pesto-Crostini

Arbeitszeit: 15–20 Minuten
Schwierigkeitsgrad: leicht
Menge: 4–6 Portionen

4 Fleischtomaten
1 Knoblauchknolle
1 rote Zwiebel
3 EL Olivenöl
1 EL Zucker
Salz
frisch gemahlener schwarzer Pfeffer
1 TL Koriandersamen
einige Thymianzweige
3–4 Basilikumstängel
1 l Gemüsebrühe
3 EL Balsamico
1 Ciabatta
100 g Parmesan
Pesto (siehe Seite 185)
8 Scheiben Lardo

Das Backen im Ofen bringt das ganze herrliche Aroma der Tomaten zum Vorschein und macht Knoblauch viel milder und süßer. Unbedingt ausprobieren, es lohnt sich!

Vorbereiten: Backofen auf 220 °C vorheizen. Tomaten waschen und vierteln. Knoblauch und Zwiebel mit der Schale vierteln und mit den Tomaten auf ein mit Backpapier belegtes Backblech oder in eine tiefe Backform legen. Mit Olivenöl, Zucker, Salz, Pfeffer, Koriander und Thymian würzen. Kräftig durchmischen und etwa 1 Stunde im Ofen backen. Knoblauch aus der Schale pressen und die Haut der Zwiebeln entfernen. Basilikumblättchen waschen. Tomaten, Knoblauch, Zwiebeln, Brühe, Balsamico und Basilikum zusammen fein pürieren. Die Suppe mit Salz und Pfeffer abschmecken.

Ciabatta in dünne Scheiben schneiden und in der Pfanne oder im Backofen goldgelb einige Minuten grillen. Parmesan mit dem Sparschäler in Streifen hobeln.

Wenn die Gäste da sind: Suppe erwärmen, Ciabatta mit je einem Teelöffel Pesto bestreichen, je einer Scheibe Lardo und 1–2 Parmesanhobeln belegen und zur Suppe reichen.

Fünfgängemenü: Vorspeise

Parmesan-Crème-brûlée

Die pikante Variante von Crème brûlée macht sich sehr gut als Vorspeise oder Zwischengang. Zusammen mit Trauben, Feigen oder Aprikosen wird daraus ein beliebtes Käsedessert.

Arbeitszeit: 15–20 Minuten
Schwierigkeitsgrad: leicht
Menge: 4–6 Portionen

- 1 kleine Schalotte
- 1 TL Butter plus etwas Butter für die Förmchen
- 200 ml trockener Weißwein
- 50 g Parmesan
- 250 g Sahne
- 150 g Crème fraîche
- 3 Eigelb
- Salz
- frisch gemahlener schwarzer Pfeffer
- 100 g Rucola
- Dressing nach Wahl (siehe Seite 184)
- Nussbrot oder Baguette
- einige getrocknete Tomaten zum Garnieren

Vorbereiten: Backofen auf 150 °C vorheizen. Schalotte schälen, würfeln und in 1 TL Butter einige Minuten anschwitzen. Mit Weißwein ablöschen und auf etwa ein Drittel reduzieren. Parmesan fein reiben und 3–4 Esslöffel für die Garnitur beiseitestellen. Sahne und Parmesan zu den Schalotten geben und aufkochen lassen. Crème fraîche und Eigelbe verrühren, die Parmesan-Sahne-Mischung dazugeben und mit Salz und Pfeffer abschmecken.

4–6 kleine Förmchen mit Butter ausstreichen und in ein tiefes Backblech oder eine Porzellanform stellen. Förmchen mit der Masse füllen und mit dem beiseitegestellten Parmesan bestreuen. Blech oder Form 2 Zentimeter hoch mit Wasser füllen und die Masse etwa 20 Minuten goldbraun backen. Rucola waschen, putzen und abtropfen lassen.

Wenn die Gäste da sind: Creme im Backofen erwärmen. Rucola marinieren und mit getrockneten Tomaten garnieren. Nussbrot oder Baguette dazu reichen.

Mein Tipp:

Für Ausrollmuffel: einen festeren Teig kneten, dafür 30–40 Gramm mehr Mehl verwenden, auf einer Küchenreibe grob raspeln und sofort mit Mehl bestäuben.

Fünfgängemenü: Vegetarisch

Hausgemachte Pasta mit Limoncello, Ricotta, Zitrone & Mandeln

Arbeitszeit: 30–40 Minuten
Schwierigkeitsgrad: mittel
Menge: 4–6 Portionen

300 g Pastamehl (Semolina) oder Mehl Typ 00 plus Mehl für die Arbeitsfläche und das Blech
3 Eier oder 5 Eigelb
1 Fenchelknolle
2 Schalotten
1 Knoblauchzehe
100 g Mandelblättchen
Olivenöl zum Braten
1 EL Butter zum Braten
Fenchelblüten oder -samen
abgeriebene Schale von 1 Bio- Zitrone
1 kleine Zucchini
50 ml Limoncello (Zitronenlikör)
200 g Ricotta
Salz
frisch gemahlener schwarzer Pfeffer
frisch geriebene Muskatnuss
100 g Pecorino

Ein Pastagericht, das für Auge, Gaumen und Nase erfrischend ist und durch süßsauren Zitronenlikör zum eleganten Hauptgericht wird. Pasta selbst zu machen macht nicht nur Spass, es schmeckt auch tausendmal besser und man kann sie in jede Geschmacksrichtung würzen – zum Beispiel mit etwas Fenchelgrün oder anderen Kräutern wie Koriander, Petersilie, Basilikum und Estragon, Gewürzen wie Safran, Orangenschale, Zitronenschale, Pfeffer oder Chili. Pürieren Sie Kräuter erst zusammen mit den Eiern, bevor Sie sie mit den übrigen Zutaten mischen.

Vorbereiten: Das Mehl auf der Arbeitsfläche aufhäufen, in der Mitte ein große Mulde formen, Eier bzw. Eigelbe und 1 Esslöffel Wasser hineingeben. Mit einer Gabel verquirlen und nach und nach das Mehl von den Rändern dazumischen. Dann mit den Händen weiterkneten, bis der Teig gleichmäßig ist und eine glatte Oberfläche hat. In Frischhaltefolie gewickelt im Kühlschrank für 20 Minuten ruhen lassen. Dann den Teig entweder mit einer Nudelmaschine oder mit dem Nudelholz auf einer bemehlten Arbeitsfläche so dünn wie gewünscht ausrollen, aus Platzgründen nach Bedarf den Teig in mehrere Portionen aufteilen. Für Tagliatelle beide Seiten des ausgerollten Nudelteigs gut bemehlen, die Platte zusammenrollen und Streifen in gewünschter Breite abschneiden. Pasta auf einem mit Mehl bestäubtem Blech etwas trocknen lassen und auflockern, damit sie nicht zusammenkleben.

Fenchelknolle waschen und in feine Streifen schneiden. Fenchelgrün zum Garnieren beiseitelegen. Schalotten und Knoblauch schälen und fein hacken. Mandelblättchen ohne Fett in einer Pfanne trocken rösten, bis sie zu duften beginnen.

20 Minuten vorher: In einem großen Topf Wasser mit 1 Teelöffel Salz zum Kochen bringen. Olivenöl und Butter erhitzen, Schalotten und Knoblauch darin 5–8 Minuten anbraten. Fenchelstreifen, Fenchelblüten oder -samen und abgeriebene Zitronenschale hinzufügen und 3–4 Minuten mitbraten. Zucchini waschen, grob raspeln und zum Fenchel geben, wieder kurz braten und mit dem Limoncello löschen. Von der Platte nehmen und Ricotta untermischen. Mit Salz, Pfeffer und Muskatnuss würzen.

Wenn die Gäste da sind: Pasta in das kochende Wasser geben und 2–3 Minuten kochen. Abseihen und zusammen mit 2–3 Esslöffeln Kochwasser zum Gemüse geben. Fenchelgrün hacken. Alles gut verrühren und auf Teller verteilen. Die Pasta mit Mandelblättchen, Fenchelgrün und Pecorino bestreuen.

Mein Tipp:
Dazu passt cremige Polenta mit Kräutern, pur oder gebraten, sowie frisches Weißbrot. Zusammen mit Kichererbsen oder weißen Bohnen wird dieses Gericht zu einem noch herzhafteren Schmorgericht.

Im eigenen Sud geschmorte Tintenfische

Ein typisch venezianisches Gericht, das durch seinen schwarzen würzig-salzigen Sud punktet. Darum Vorsicht beim Würzen, die Tinte selbst hat nämlich bereits einen beachtlichen Salzgehalt!

Vorbereiten: Die geputzten Tintenfischtuben in Ringe schneiden, die Knorpel der Fangarme entfernen. Schalotten und Knoblauch schälen, hacken und in Olivenöl anbraten. Tomatenmark etwa 1 Minute mitrösten. Fenchelknolle, Sellerie und Tomaten waschen und würfeln, zusammen mit den Gewürzen in den Topf geben und 5–10 Minuten rösten. Mit Noilly Prat ablöschen und Weißwein aufgießen. Tinte und Tintenfische dazugeben und bei schwacher Hitze 45 Minuten schmoren.

Wenn die Gäste da sind: Tintenfische im Sud servieren.

Arbeitszeit: 20–25 Minuten
Schwierigkeitsgrad: leicht
Menge: 4–6 Portionen

- 1 kg geputzte Tintenfischtuben
- 2 Schalotten
- 2 Knoblauchzehen
- Olivenöl zum Braten
- 1 EL Tomatenmark
- 1 Fenchelknolle
- 4 Stangen Sellerie
- 2–3 Tomaten
- 3 Thymianzweige
- 2 Lorbeerblätter
- je 1 TL Fenchel- und Koriandersamen
- Salz
- frisch gemahlener schwarzer Pfeffer
- 1 Schuss Noilly Prat
- 500 ml Weißwein
- 1 Tütchen Sepiatinte (vom Fischhändler)

Fünfgängemenü: Dessert

Mocca-Birnen-Panna-Cotta mit Espressosirup

Arbeitszeit: 20–30 Minuten
Schwierigkeitsgrad: leicht
Menge: 4–6 Portionen

Für die Panna Cotta:

3 feste Birnen
80 ml gekochter Espresso
70 g Zucker
1 TL Mocca Mix oder Lebkuchengewürz
4 Blatt Gelatine
500 g Sahne
50 g Zucker
1 Vanilleschote

Für die Biscotti:

100 g Mandeln
½ Vanilleschote
110 g brauner Zucker
2 Eier
1 Eigelb
2 EL Kaffeebohnen
250 g Weizenmehl

Birnen im Espressosirup zu kochen, scheint etwas ungewöhnlich. Aber Sie werden sehen, die beiden mögen sich sehr gerne! Passend dazu gibt es Biscotti mit Kaffebohnen. Ein echter Wachmacher!

Vorbereiten: Espresso mit Zucker und Mocca Mix 10 Minuten bei schwacher Hitze reduzieren. Birnen schälen, halbieren, entkernen und etwa 5 Minuten mitköcheln lassen, bis sie weich, aber noch nicht zerfallen sind. Gelatine einige Minuten in Wasser einweichen. Sahne mit Zucker und längs aufgeschlitzer Vanilleschote aufkochen, mindestens 10 Minuten durchziehen lassen und die eingeweichte Gelatine in der heißen Sahnemischung auflösen. Die Birnen in kleinen Schälchen verteilen, etwas von dem Kaffeesirup darüberträufeln, dann die Sahnemischung darübergeben und für 2–3 Stunden kühl stellen.

Für die Biscotti den Backofen auf 170 °C vorheizen. Mandeln mit kochendem Wasser überbrühen, kurz abkühlen lassen und schälen. Vanilleschote aufschlitzen und das Mark herauskratzen. Vanillemark zusammen mit Zucker, Eiern und Eigelb mit dem Schneebesen aufschlagen. Kaffeebohnen, Mandeln und Mehl dazugeben und verkneten. Aus dem Teig 2–3 lange Rollen formen und auf ein mit Backpapier belegtes Blech legen. Etwa 25 Minuten auf mittlerer Einschubhöhe backen. Dann die noch warmen Stangen schräg in etwa 1 Zentimeter dicke Scheiben schneiden, mit der Schnittfläche auf das Blech legen und weitere 20 Minuten goldgelb und knusprig backen.

Wenn die Gäste da sind: Panna Cotta aus dem Kühlschrank nehmen und mit den Biscotti servieren.

Herbst

Jetzt hat die Ernte Ihren Höhepunkt und die Zeit für Wild, Nüsse und den geliebten Kürbis beginnt. Von den Feldern kommt reifes Obst und Gemüse in Massen und Pilz- und Beerensammler bringen Körbe voller Freude und Genuss aus den Wäldern. Wer jetzt anfängt einzukochen und einzumachen, wird das ganze Jahr über ein kleines bisschen mit dem Besten der Natur belohnt.

Mein Tipp:

Dazu passt gemischter Salat und eine Vinaigrette zum Beispiel mit Mohnöl, welches sich mit Tomaten besonders gut versteht. Schmeckt aber auch pur als Fingerfood.

Dreigängemenü: Vorspeise

Tomaten-Tarte-Tatin mit Ziegenkäsenockerln

Die klassische, süße französische Tarte Tatin wird mit Äpfeln gebacken, und zwar verkehrt herum. Über die pikante Variante mit Gemüse freuen sich besonders vegetarische Gäste. Geschmorter Fenchel mit Orange, Feigen und Thymian, Rote Bete oder geschmorte Rotweinschalotten machen sich ebenfalls gut in dieser gestürzten Tarte.

Arbeitszeit: 20–30 Minuten
Schwierigkeitsgrad: mittel
Menge: 4–6 Portionen

Für den Teig:
4-5 Thymianzweige
100 g kalte Butter
200 g Weizenmehl
1 Ei, 1 TL Salz

Für den Belag:
500 g gelbe und rote Cherrytomaten
4–5 getrocknete Tomaten in Öl
2–3 Thymianzweige
1 EL Zucker
2 EL Butter plus etwas Butter für die Förmchen
1 TL Salz
frisch gemahlener schwarzer Pfeffer

Für die Nockerln:
250 g Ziegenfrischkäse
Kräuter nach Wahl, Salz
frisch gemahlener schwarzer Pfeffer
etwas abgeriebene Schale von 1 Bio-Zitrone

Außerdem:
etwas Thymian zum Garnieren

Vorbereiten: Für den Teig Thymianblättchen abzupfen und fein hacken. Butter in kleine Stücke schneiden und mit den übrigen Teigzutaten rasch verkneten, dabei dürfen ruhig noch ein paar Butterstückchen sichtbar sein. Teig in Frischhaltefolie wickeln und mindestens 30 Minuten im Kühlschrank ruhen lassen.

Backofen auf 180 °C vorheizen. Frische Tomaten waschen und halbieren, eingelegte Tomaten in Öl klein schneiden. Beides mit den Thymianblättchen in einer Pfanne mit 3–4 Esslöffeln des Tomatenöls bei mittlerer Hitze kurz schwenken. Mit Zucker karamellisieren, die Butter dazugeben und schmelzen lassen, salzen und pfeffern. Tarteförmchen einfetten und die Tomaten mit der Schnittfläche nach unten in die ausgebutterten Tarteförmchen legen. Teig ausrollen und rund ausschneiden mit einem etwa 1 Zentimeter größeren Durchmesser als die Tarteformen. Die Tomaten damit bedecken und den Rand gut festdrücken. Mit einer Gabel mehrmals einstechen und die Tartes 20–25 Minuten im Ofen backen. Alle Zutaten für die Nockerln verrühren.

Wenn die Gäste da sind: Tartes aus dem Ofen nehmen und vorsichtig auf Teller stürzen. Aus der Ziegenkäsemischung mithilfe von zwei Löffeln Nockerln formen und auf die Tarte setzen. Eventuell mit einigen Thymianblättchen garnieren.

Mein Tipp:
Servieren Sie den Fisch auf lauwarmem Röstgemüse-Salat: Gemüse etwas abkühlen lassen, 1–2 Handvoll Rucola, Radicchio oder Sauerampfer mit einem Dressing nach Wahl darunterheben.

Dreigängemenü: Hauptgericht

Pochiertes Bachsaiblingfilet auf Röstgemüse mit Avocadocreme

Arbeitszeit: 20–30 Minuten
Schwierigkeitsgrad: mittel
Menge: 4–6 Portionen

- je 1 Bachsaiblingfilet pro Person
- 1 Kürbis (Ahorn-, Hokkaido-, Muskat- oder Avocadokürbis)
- 2–3 Frühlingszwiebeln
- 1–2 Maiskolben
- 200 g Austernpilze, Champignons, Kräuterseitlinge oder Steinpilze
- je ½ TL Koriander-, Kreuzkümmel-, Fenchel- und Senfsamen
- 1–2 EL Olivenöl
- Saft und etwas abgeriebene Schale von 1 Bio-Zitrone
- Salz
- frisch gemahlener schwarzer Pfeffer
- 100 ml Avocadoöl
- 1 Schuss trockener Weißwein
- 1 Avocado
- 100 g Babyspinat
- Thymian, Estragon oder Rosmarin
- 1 EL Butter für die Form

Um Zeit und Platz zu sparen, bereitet man das Gemüse und den Fisch einfach im Backofen zu. Der Saibling wird in grasgrünem Avocadoöl gedämpft und dadurch wunderbar zart.

Vorbereiten: Backofen auf 180 °C vorheizen. Kürbis waschen, vierteln, schälen (Hokkaido kann ungeschält bleiben), Kerne entfernen und den Kürbis in Spalten schneiden. Frühlingszwiebeln waschen und in Ringe schneiden. Maiskolben waschen und die Körner mit einem kleinen Messer vom Kolben schneiden. Pilze putzen und in Stücke schneiden. Koriander-, Kreuzkümmel-, Fenchel- und Senfsamen im Mörser fein zerstoßen. Das Gemüse auf einem Backblech verteilen, mit Olivenöl, etwas abgeriebener Zitronenschale, Salz, Pfeffer und etwas von den zerstoßenen Gewürzen würzen. Alles gut mit den Händen mischen und im Backofen 20–25 Minuten rösten.

Währenddessen eine feuerfeste Form mit Butter ausstreichen, die Fischfilets hineinlegen und mit Avocadoöl großzügig beträufeln. Wein und etwas Zitronensaft dazugeben und mit Salz, Pfeffer und etwas Gewürzmischung bestreuen. 10 Minuten, bevor das Gemüse fertig ist, die Temperatur auf 170 °C reduzieren und den Fisch ebenfalls in den Ofen schieben. Avocado halbieren, Kern entfernen und das Fruchtfleisch mit einem Löffel aus der Schale lösen. Zusammen mit ½ Teelöffel der Gewürzmischung, Salz, Pfeffer und etwas Zitronensaft pürieren. Spinat waschen und trocken schleudern.

Wenn die Gäste da sind: Das Röstgemüse aus dem Ofen nehmen, die Kräuter und den Spinat unterheben. Röstgemüse und Fisch mit Fischfond auf Tellern anrichten und mit je einem Löffel der Avocadocreme garnieren.

Dreigängemenü: Dessert

Olivenöl-Feigen-Cupcakes

Ein schnelles Dessert, zu dem auch hervorragend anderes Obst der Saison passt. Wenn Sie mehr Biss wünschen, dann mischen Sie ein paar gehackte Nüsse oder Schokotropfen in den Teig.

Vorbereiten: Backofen auf 180 °C vorheizen. Muffinformen mit Backpapier auskleiden. In einer Schüssel Eier, Zucker, Olivenöl und Joghurt mit einem Mixer aufschlagen. Mehl, Salz und Backpulver in einer zweiten Schüssel vermischen. Nach und nach unter die Eiermischung heben. Die Förmchen zu zwei Dritteln mit dem Kuchenteig füllen und je eine halbe Feige hineinsetzen. 20–25 Minuten im Ofen backen.

Wenn die Gäste da sind: Cupcakes auf Tellern anrichten und eventuell mit Puderzucker bestreuen.

Arbeitszeit: 10–15 Minuten
Schwierigkeitsgrad: leicht
Menge: 4–6 Portionen

2 Eier
125 g brauner Zucker
80 ml Olivenöl
300 g Joghurt
200 g Weizenmehl
1 Prise Salz
2 TL Backpulver
einige frische Feigen
Puderzucker nach Belieben

Fünfgängemenü: Vorspeise

Birnen-Sellerie-Cappuccino mit Kakao

Arbeitszeit: 15–20 Minuten
Schwierigkeitsgrad: leicht
Menge: 4–6 Portionen

1 EL Butter
1 EL Olivenöl
2 Schalotten
1 Knoblauchzehe
1 kleine Knolle Sellerie
2 feste Birnen
2 Pimentkörner
1 TL geriebener Ingwer
1 Lorbeerblatt
2 Thymianzweige
1 TL Fenchelsamen
1 TL abgeriebene Schale von 1 Bio-Orange
1 Schuss trockener Weißwein
500 ml Brühe
200 ml Kokosmilch
Salz
frisch gemahlener schwarzer Pfeffer
etwas Milch für den Milchschaum
etwas Kakaopulver zum Garnieren

Die Süße von Birne mit Sellerie passt hervorragend zum herben Geschmack von Kakao. Mit Milchschaum im Glas angerichtet wird diese Suppe zum Augenschmaus!

Vorbereiten: Butter mit Olivenöl in einem Topf schmelzen. Schalotten und Knoblauch schälen, würfeln und etwa 5 Minuten darin anschwitzen. Sellerie und Birnen schälen, das Kerngehäuse der Birnen entfernen, Birnen und Sellerie in grobe Stücke schneiden. Mit Piment, Ingwer, Lorbeerblatt, Thymian, Fenchelsamen und abgeriebener Orangenschale in den Topf geben. Mit dem Weißwein ablöschen und einige Minuten reduzieren. Mit Brühe und Kokosmilch aufgießen und etwa 20 Minuten köcheln lassen. Die Suppe pürieren und mit Salz und Pfeffer abschmecken.

Wenn die Gäste da sind: Suppe aufwärmen und auf Teller oder Gläser verteilen. Milch aufschäumen, je 1 Esslöffel auf die Suppe geben und mit Kakakopulver bestreuen.

Fünfgängemenü: Zwischengang

Feigen-Clafoutis mit Büffelmozzarella & Bresaola

Als Vorlage für diese pikante Abwandlung diente mir der französische Dessert-Klassiker, der vorzugsweise mit Kirschen zubereitet wird.

Vorbereiten: Backofen auf 190 °C vorheizen und feuerfeste Porzellanschälchen mit Butter einfetten. Zucker, Salz, Eier, Milch, Sahne, Mandeln, Mehl und Thymianblättchen oder Rosmarinnadeln unterrühren. Teig 10 Minuten ruhen lassen.

Feigen waschen, zusammen mit dem Mozzarella in Stücke reißen und auf die vorbereiteten Förmchen verteilen und pfeffern. Den Teig darübergeben und 20–25 Minuten goldgelb backen.

Für die Balsamicoglace braunen Zucker in einem Topf karamellisieren, mit Traubensaft und Balsamico bei starker Hitze 8–10 Minuten reduzieren und abkühlen lassen. Salatblätter waschen und abtropfen lassen. Alle Zutaten für das Dressing verrühren.

Wenn die Gäste da sind: Clafoutis 2-5 Minuten aufbacken, bis sie goldgelb und aufgegangen sind. Salatblätter mit dem Dressing marinieren. Clafoutis mit Bresaola und Balsamicoglace anrichten.

Arbeitszeit: 15–20 Minuten
Schwierigkeitsgrad: leicht
Menge: 4–6 Portionen

1 TL Zucker, Salz
2 Eier
120 ml Milch, 60 g Sahne
2 EL Weizenmehl
2 EL gemahlene Mandeln
1 TL fein gehackte Thymianblättchen oder Rosmarinnadeln
4–6 Feigen
1 Büffelmozzarella
frisch gemahlener schwarzer Pfeffer
1 große Handvoll Salatblätter
80 g Bresaola- oder Prosciuttoscheiben
Butter für die Förmchen

Für die Glace:
1 TL brauner Zucker
150 ml Traubensaft
150 ml Balsamico

Für das Dressing:
6 EL Olivenöl
3 EL Zitronensaft
3 EL Himbeer- oder Sherryessig
1 EL Honig
Salz
frisch gemahlener schwarzer Pfeffer

Mein Tipp:

Der Fond muss heiß verwendet werden, sonst verklebt die Stärke und kann den Fond nicht binden. Und das Risotto würde dann nicht cremig. Seine Konsistenz sollte nicht zu fest, sondern cremig-flüssig sein.

Fünfgängemenü: Vegetarisch

Steinpilzrisotto mit Heidelbeeren

Arbeitszeit: 25–30 Minuten
Schwierigkeitsgrad: leicht
Menge: 4–6 Portionen

10 g getrocknete Steinpilze
1 l Gemüsebrühe
200 g Risottoreis (Arborio, Vialone Nano oder Carnaroli)
Salz
1 weiße Zwiebel
2 EL Butter
2 EL Olivenöl
je ½ TL Fenchel- und Koriandersamen
½ TL Senfkörner
2 Thymianzweige
100 ml trockener Weißwein
1 Handvoll frische Steinpilze
1 kleines Bund Basilikum
70 g Parmesan
frisch gemahlener schwarzer Pfeffer
1 EL abgeriebene Schale von 1 Bio-Zitrone
100 g Mascarpone oder Crème fraîche
250 g Heidelbeeren

Steinpilze und Heidelbeeren wachsen und gedeihen nicht weit voneinander entfernt auf demselben Boden und vertragen sich auch im Kochtopf wunderbar.

Vorbereiten: Getrocknete Steinpilze etwa 10 Minuten in warmem Wasser einweichen, dann gut ausdrücken. Gemüsebrühe in einem kleinen Topf erhitzen. Zwiebel schälen, fein hacken und in 1 Esslöffel Butter und 1 Esslöffel Olivenöl zusammen mit den eingeweichten Pilzen in einem größeren Topf anschwitzen, aber nicht braun werden lassen. Risottoreis hinzufügen und 3–4 Minuten unter Rühren glasig werden lassen. Fenchel- und Koriandersamen, Senfkörner und Thymianzweige dazugeben und kurz mitbraten. Mit dem Weißwein ablöschen. So lange köcheln lassen, bis die Flüssigkeit aufgenommen ist. Eine Schöpfkelle heiße Gemüsebrühe zugeben und bei schwacher Hitze rühren, bis die Flüssigkeit wieder vom Reis aufgenommen. Diesen Vorgang so lange wiederholen, bis der Reis nach etwa 20 Minuten bissfest ist. Dann das Risotto bis zur Weiterverarbeitung beiseitestellen.

20 Minuten vorher: Frische Pilze putzen und feinblättrig schneiden, Basilikum waschen, Stängel fein hacken, Parmesan reiben, einen Teil zum Garnieren hobeln. 1 Esslöffel Butter und 1 Esslöffel Olivenöl in einer Pfanne schmelzen und die Pilze darin kräftig anbraten. Mit Salz, Pfeffer, abgeriebener Zitronenschale und gehackten Basilikumstängeln würzen und gut durchschwenken. Das Risotto zu den Pilzen geben, wieder mit Brühe aufgießen und weiterkochen, bis der Reis weich genug ist.

Wenn die Gäste da sind: Mascarpone und Parmesan unter das Risotto rühren, vom Parmesan etwas zum Garnieren beiseitestellen. Auch einige Heidelbeeren und Basilkumblättchen zum Garnieren zurückbehalten, den Rest ebenfalls unter das Risotto rühren. Risotto auf Teller verteilen, restliche Heidelbeeren, Basilikumblättchen und Parmesanhobel darüberstreuen.

Mein Tipp:
Dazu passt eine Sonnentomaten-Focaccia (siehe Seite 186) oder einfaches Weißbrot. Oder 2–3 vorgekochte Babykartoffeln im Päckchen mitgaren, dann ist die Beilage inklusive.

Fünfgängemenü: Fisch

Wolfsbarschfilet im Pergamentpapier mit grünem Olivenrelish

Fisch in der Papierhülle zu garen ist eine wunderbar sanfte Methode. Der Fisch bleibt saftig und bekommt erst gar nicht die Möglichkeit, trocken zu werden. Säfte und Aromen des Fisches ziehen in das Gemüse, das ergibt ein vollmundiges Gericht. Die Fischpäckchen eignen sich außerdem gut zum Vorbereiten. Wenn die Gäste da sind, sind es nur noch ein paar wenige Schritte zu einem saftig gegarten Fisch.

Arbeitszeit: 15–20 Minuten
Schwierigkeitsgrad: leicht
Menge: 4–6 Portionen

2 Wolfsbarschfilets ohne Haut
1–2 Fenchelknollen
Salz
1 EL Butter pro Person
frisch gemahlener schwarzer Pfeffer
einige Thymianzweige
Fenchelsamen oder -blüten
einige Kapern oder Oliven
abgeriebene Schale von 1 Bio-Zitrone
gutes Olivenöl
50 ml trockener Weißwein

Für das Olivenrelish:
grüne Oliven mit Mandeln
1–2 EL gehackte Petersilie oder Kräuter nach Wahl
1–2 EL Olivenöl
etwas abgeriebene Schale von 1 Bio-Zitrone

Vorbereiten: Fenchel waschen, Fenchelgrün fein hacken. Fenchel in Scheiben schneiden und 2–3 Minuten in Salzwasser blanchieren, dann in kaltem Wasser abschrecken. Je einen Bogen Backpapier mit je einem Teelöffel Butter bestreichen und mit 2–3 Fenchelscheiben belegen. Fisch in 4–6 Stücke portionieren. Je ein Stück auf den Fenchel legen und mit Salz, Pfeffer, Thymianblättchen und Fenchelsamen oder -blüten würzen. Einige Kapern oder Oliven auf dem Fisch verteilen, mit abgeriebener Zitronenschale würzen und mit etwas Olivenöl beträufeln. Zum Schluss einige Tropfen Weißwein über den Fisch geben und mit dem fein gehacktem Fenchelgrün bestreuen. Backpapier über dem Fisch zusammenschlagen und an den Seiten wie Bonbonpapier zusammendrehen oder mit Küchengarn zu einem dichten Päckchen verschließen. Für das Relish Oliven fein hacken und mit den übrigen Zutaten vermengen.

20 Minuten vorher: Backofen auf 170 °C vorheizen.

Wenn die Gäste da sind: Fischpäckchen 8–12 Minuten im Ofen garen und mit dem Olivenrelish servieren.

Fünfgängemenü: Dessert

Zwetschgenkuchen mit Zimtblütenstreuseln

Arbeitszeit: 15–20 Minuten
Schwierigkeitsgrad: leicht
Menge: ein Blech

4 Eier
1 Prise Salz
60 g feiner Zucker
½ Vanilleschote
250 g Butter
180 g Puderzucker
abgeriebene Schale von 1 Bio-Zitrone
400 g Weizenmehl
½ Päckchen Backpulver
280 ml Buttermilch
750 g Zwetschgen

Für die Streusel:
100 g Weizenehl
50 g Zucker
100 g Butter
zerstoßene Zimtblüten, Mixed Spice oder andere Gewürze

Obstkuchen vom Blech ist wohl unser aller Kindheitserinnerung! Ein einfacher Rührteig wird durch Buttermilch locker und flaumig.

Vorbereiten: Backofen auf 180 °C vorheizen. Eier trennen. Eiweiß mit Salz zu steifem Schnee schlagen. Zucker zugeben und zu einem cremig-weißen Baiser aufschlagen. Vanilleschote längs aufschlitzen und das Mark herauskratzen. Mit Butter, Puderzucker und abgeriebener Zitronenschale in der Küchenmaschine cremig rühren. Nach und nach die Eigelbe einarbeiten. Mehl mit Backpulver durchsieben und abwechselnd mit der Buttermilch unterrühren. Zum Schluss den Eischnee unterheben.

Ein Backblech mit Backpapier auslegen und den Teig gleichmäßig darauf verteilen. Zwetschgen waschen, längs aufschneiden und entsteinen. Mit der Schnittfläche nach oben auf dem Teig verteilen. Zutaten für die Streusel zwischen den Fingern verreiben und auf den Zwetschgen verteilen. Kuchen 30–40 Minuten backen und abkühlen lassen.

Wenn die Gäste da sind: Kuchen aufschneiden und servieren.

Mein Tipp:

Entweder eine Vanilleschote mitköcheln lassen oder Apfelwürfel mit dem Kürbis mitrösten, Apfel- statt Orangensaft verwenden und Kokosmilch durch Brühe ersetzen. Dazu Kürbiskern-Biscotti reichen.

Dreigängemenü: Suppe

Kürbis-Ingwer-Suppe mit Kokosmilch & Cashew-Biscotti

Ich liebe Kürbis und freue mich jedes Jahr wieder über meine erste Kürbissuppe. Am liebsten verwende ich Hokkaidokürbis. Der orangerote Kürbis schmeckt wunderbar nussig-süß und hat in der Suppe eine herrlich cremige Konsistenz. Schälen muss man ihn auch nicht, und das spricht hundertprozentig für ihn!

Arbeitszeit: 20–25 Minuten
Schwierigkeitsgrad: leicht
Menge: 4–6 Portionen/etwa 45 Biscotti

- 1 mittelgroßer Hokkaido- oder Butternusskürbis
- 2 Schalotten, 3 EL Olivenöl
- 1 Stück Ingwer (3 cm)
- 2 Pimentkörner
- 1 TL Fenchelsamen
- je ½ TL Kreuzkümmel- und Koriandersamen
- 2 Thymianzweige
- Saft und 1 TL abgeriebene Schale von 1 Bio-Orange
- 1 l Gemüse- oder Hühnerbrühe
- 200 ml Kokosmilch, Salz
- frisch gemahlener schwarzer Pfeffer
- Apfelschnitze zum Garnieren

Für die Biscotti:

- 3 Eier
- 1 TL Zucker, 60 g Butter
- 400 g Weizenmehl
- 1 ½ TL Backpulver, 1 TL Salz
- abgeriebene Schale von ½ Bio-Orange
- 150 g Cashewkerne
- 1 Eigelb

Vorbereiten: Kürbis waschen, halbieren und die Kerne mit einem Löffel herauskratzen. Butternusskürbis schälen. Das Fruchtfleisch in grobe Stücke schneiden. Schalotten schälen und fein hacken. Das Olivenöl in einem Topf erhitzen, Schalotten und Kürbis darin etwa 10 Minuten hellbraun anbraten. Ingwer schälen und fein hacken, zusammen mit den Gewürzen, Thymianzweigen und abgeriebener Orangenschale dazugeben und einige Minuten mitrösten. Dann mit dem Orangensaft ablöschen und etwa 2 Minuten reduzieren. Mit Brühe und Kokosmilch aufgießen und etwa 20 Minuten köcheln lassen. Die Suppe fein pürieren und mit Salz und Pfeffer abschmecken.

Für die Biscotti den Backofen auf 175 °C vorheizen. Eier mit Zucker und Butter cremig rühren. Mehl, Backpulver und Salz unterrühren. Dann abgeriebene Orangenschale und Cashewkerne unterrühren und verkneten. 2–3 lange Stangen formen und auf ein mit Backpapier belegtes Blech legen. Auf mittlerer Schiene etwa 25 Minuten backen. Die noch warmen Stangen schräg in etwa 1 Zentimeter dicke Scheiben schneiden und auf das Blech legen. Weitere 20 Minuten backen, bis sie goldgelb und knusprig sind.

Wenn die Gäste da sind: Suppe aufwärmen, mit Apfelschnitzen garnieren und mit den Biscotti servieren.

Mein Tipp:

Etwas frisch geriebener Ingwer und gemahlener Piment geben dem Süßkartoffelpüree eine besondere Würze! Auch unsere heimischen Preiselbeeren sind ein idealer Begleiter.

Dreigängemenü: Hauptgericht

Gefüllte Perlhuhnbrust auf Süßkartoffelpüree & grünen Bohnen

Arbeitszeit: 30–40 Minuten
Schwierigkeitsgrad: mittel
Menge: 4–6 Portionen

4-6 Perlhuhnbrüste mit Haut
1 Schalotte
1 Knoblauchzehe
Olivenöl zum Braten
2 Thymianzweige
1 Lorbeerblatt
abgeriebene Schale von 1 Bio-Zitrone
1 Schuss Weißwein oder Noilly Prat
10–15 geröstete Maronen
(siehe Seite 187)
200 g Ricotta
Salz
frisch gemahlener schwarzer Pfeffer
frisch geriebene Muskatnuss
700 g Süßkartoffeln
etwa 125 g Butter
300 g mehlig kochende Kartoffeln
etwa 125 ml Milch
300 g grüne Bohnen
1 Handvoll Haselnüsse
3 EL gehackte Petersilie
2 EL Haselnussöl
Cranberryrelish
(siehe Seite 185)

Statt eines großen Truthahns fülle ich lieber die kleine Variante wie Hühnerbrüste, Perlhuhnbrüste oder Fasanenbrüstchen. Diese sind gut zu portionieren und es gibt garantiert keine »leftovers«!

Vorbereiten: Schalotte und Knoblauch schälen und fein hacken. In 1 Esslöffel Olivenöl etwa 5 Minuten leicht bräunen. Thymianzweige, Lorbeerblatt und ½ Teelöffel abgeriebene Zitronenschale dazugeben. Mit einem Schuss Weißwein oder Noilly Prat ablöschen und so lange reduzieren, bis fast keine Flüssigkeit mehr übrig ist. Thymianzweige und Lorbeerblatt entfernen. Geröstete Maronen fein hacken und mit den Schalotten und dem Ricotta vermischen. Mit Salz, Pfeffer und Muskatnuss abschmecken.

In die Perlhuhnbrüste seitlich eine Tasche schneiden und mit der Ricotta-Maronen-Creme füllen. Mit einem Zahnstocher fixieren. Die Brüste salzen, pfeffern und bis zur weiteren Verwendung abgedeckt zur Seite stellen. Für das Püree Süßkartoffeln schälen, in Würfel schneiden und mit etwas Butter 10–15 Minuten dünsten. Mit einer Tasse Wasser aufgießen, zugedeckt weich kochen und pürieren. Kartoffeln schälen, ebenfalls in Würfel schneiden und in Salzwasser etwa 20 Minuten sehr weich kochen, bis sie fast zerfallen. Wasser abgießen und die Kartoffeln mit der Gabel fein zerdrücken oder durch eine Kartoffelpresse drücken. Nun das Süßkartoffelpüree vorsichtig mit dem Schneebesen unter das Kartoffelpüree heben. 2 Esslöffel Butter und so viel Milch einrühren, bis das Püree cremig ist. Mit Muskatnuss, Salz und Pfeffer abschmecken. Die grünen Bohnen in Salzwasser 5–10 Minuten kochen. Sofort in eiskaltem Wasser abschrecken. Relish nach Rezept zubereiten.

20 Minuten vorher: Backofen auf 150 °C vorheizen. Perlhuhnbrüste in Olivenöl auf jeder Seite 2–3 Minuten anbraten. In Alufolie wickeln und 10–15 Minuten im Backofen nachziehen lassen. Ofentemperatur auf 80 °C reduzieren und Perlhuhnbrüste bis zum Anrichten warm stellen. Für die Bohnen Butter in derselben Pfanne erwärmen. Petersilie und restliche abgeriebene Zitronenschale dazugeben und Bohnen darin schwenken. Mit Salz und Pfeffer würzen. Haselnüsse grob hacken, zum Schluss unterheben und mit dem Haselnussöl beträufeln. Bei schwacher Hitze bis zum Anrichten warm stellen. Eventuell etwas Wasser angießen.

Wenn die Gäste da sind: Relish zur Selbstbedienung auf den Tisch stellen. Püree und Bohnen aufwärmen, Brüste halbieren und alles zusammen anrichten.

Mein Tipp:

Dazu passt Sahne, die mit etwas Zucker, einem großzügigen Schuss Whiskey und etwas Vanillemark zu einer luftigen Creme aufgeschlagen wird.

Dreigängemenü: Dessert

Pecannuss-Pumpkin-Pie

Ich durfte einmal ein richtig traditionelles Thanksgiving Dinner in San Francisco miterleben. Die ganze Familie versammelte sich und jeder brachte etwas zum Essen mit. Dabei durfte dieser Kürbiskuchen auf keinen Fall fehlen. Ein Gedicht von einem Herbstdessert!

Arbeitszeit: 20–30 Minuten
Schwierigkeitsgrad: leicht
Menge: eine Pie

Für den Teig:

- 200 g Weizenmehl
- 50 g Zucker, 1 Prise Salz
- 100 g kalte Butter
- 1 Ei
- etwas Milch nach Bedarf

Für die Füllung:

- 500 g Butternusskürbis
- 100 ml Orangensaft
- 1 EL Butter
- 1 Vanilleschote
- 1 Stück Ingwer (1 cm)
- 2 Eier
- 250 g Sahne
- 1 Prise Salz
- 150 g brauner Zucker
- 1 TL abgeriebene Schale von 1 Bio-Orange
- 1 TL Mixed Spice (Zimt, Nelken, Piment, Muskatnuss)
- 200 g Pecannüsse

Vorbereiten: Kürbis schälen, halbieren und Kerne mit einem Löffel entfernen. In einem Topf Orangensaft und Butter zusammen aufkochen. Kürbis in grobe Stücke schneiden und etwa 10 Minuten darin weich dünsten. Vorhandene Flüssigkeit abgießen und den Kürbis pürieren. Etwas abkühlen lassen. Vanilleschote längs aufschlitzen und das Mark herauskratzen, Ingwer schälen und fein reiben. Vanillemark und Ingwer mit Eiern, Sahne, Salz, Zucker, abgeriebener Orangenschale und Mixed Spice mithilfe eines Schneebesens in die Kürbismasse rühren. Für den Teig Backofen auf 175 °C vorheizen. Mehl, Zucker, Salz und Butter zusammen zwischen den Fingerkuppen zerkrümeln. Das Ei dazugeben, alles rasch zu einem glatten Teig kneten. Sollte der Teig zu krümelig sein, eventuell einen Schuss Milch hinzufügen. Im Kühlschrank für 20 Minuten ruhen lassen. Dann den Mürbeteig dünn ausrollen und eine Tarteform damit auskleiden.

Kürbispüree auf dem Boden verteilen, mit den Pecannüssen belegen und bei 175 °C 40–45 Minuten backen.

Wenn die Gäste da sind: Pie aufschneiden und servieren.

Mein Tipp:

Welche Begleitung könnte besser sein, als mein flaumiges Maisbrot (siehe Seite 186), das mit frischen Maiskörnern oder frischem Koriander sowie Gewürzen nach Wahl beliebig aufgepeppt werden kann.

Fünfgängemenü: Suppe

Maisschaumsuppe mit Cornflakes

Arbeitszeit: 15–20 Minuten
Schwierigkeitsgrad: leicht
Menge: 4–6 Portionen

- 1 Zwiebel
- 1 Knoblauchzehe
- 80 g Bauchspeck
- 2 Stangen Sellerie
- 1 Karotte, 1 gelbe Karotte
- 3 Maiskolben
- 1 EL Butter
- 1 EL Olivenöl
- ½ TL Kreuzkümmel-, Koriander- und Fenchelsamen
- 2 Thymianzweige, 1 Lorbeerblatt
- 1 Kartoffel
- 1 Schuss trockener Weißwein
- ½ TL Kurkuma
- Salz
- frisch gemahlener schwarzer Pfeffer
- frisch geriebene Muskatnuss
- etwas Milch nach Bedarf
- 1 Handvoll Cornflakes

Bei dieser Suppe ist es wirklich wichtig, frische Maiskolben zu verwenden, denn der Geschmack ist um vieles besser als bei der Dosenvariante. Durch das zusätzliche Auskochen der Maiskolben bekommt die Suppe ein noch intensiveres Aroma.

Vorbereiten: Zwiebel schälen, halbieren und in Scheiben schneiden. Knoblauch leicht andrücken, aus der Schale lösen und grob hacken. Speck in Würfel schneiden. Sellerie und Karotten schälen und in Würfel schneiden. Die Maiskörner mit einem scharfen Messer vom Maiskolben schneiden. Für den Gemüsefond in einem Topf etwa 1½ Liter Wasser zum Kochen bringen und die Gemüseabschnitte und den Maiskolben darin etwa 1 Stunde bei schwacher Hitze ziehen lassen. Butter und Olivenöl in einem hohen Topf erhitzen und die Zwiebel einige Minuten anbraten, bis sie weich ist. Knoblauch, Speck, Gewürze – bis auf Kurkuma – und Kräuter dazugeben und kräftig anbraten. Kartoffel schälen und reiben. Zusammen mit den Maiskörnern in den Topf geben und 2–3 Minuten mitrösten. Mit einem Schuss Weißwein ablöschen und 5 Minuten köcheln lassen. Mit dem Gemüsefond auffüllen, Kurkuma dazugeben und weitere 20 Minuten garen. Backofen auf 180 °C vorheizen. Suppe fein pürieren und durch ein feines Sieb passieren. Mit Salz, Pfeffer und Muskatnuss abschmecken und eventuell mit etwas Milch verfeinern. Cornflakes im Backofen 8–10 Minuten rösten und abkühlen lassen.

Wenn die Gäste da sind: Die Suppe in Schüsseln verteilen mit den Cornflakes bestreuen.

Mein Tipp:

Sie können die Ente warm oder kalt servieren. Dafür können Sie sie schon am Vortag oder mehrere Stunden im Voraus braten und bis zur Verwendung in Frischhaltefolie gewickelt im Kühlschrank aufbewahren.

Fünfgängemenü: Vorspeise

Entenbrustscheiben auf Linsen-Maronen-Salat mit Trauben & Estragon

Die Entenbrüste können gut schon einen Tag im Voraus gebraten werden und bleiben garantiert saftig, zart und rosa.

Arbeitszeit: 15–20 Minuten
Schwierigkeitsgrad: mittel
Menge: 4–6 Portionen

- 1 Entenbrust (200–300 g)
- 1 Schalotte
- Butter zum Braten
- 1 Knoblauchzehe
- 1 Lorbeerblatt
- 1–2 Thymianzweige
- 100 g Belugalinsen
- 125 ml trockener Weißwein
- 2 EL Balsamico
- 1 EL Sojasauce
- Salz
- frisch gemahlener schwarzer Pfeffer
- 1 kleine Handvoll Salatblätter
- 1 Handvoll kernlose Trauben
- Orangen-Senf-Dressing (siehe Seite 184)
- 2–3 Estragonzweige
- 1 Handvoll geröstete Maronen (siehe Seite 187)

Vorbereiten: Schalotte schälen und in feine Würfel schneiden. In einem Topf etwas Butter schmelzen und die Schalotten einige Minuten darin glasig braten. Knoblauch schälen, fein hacken und mit Lorbeerblatt, Thymianzweigen und Linsen hinzufügen. Mit dem Weißwein ablöschen und mit Wasser bedeckt 20–25 Minuten weich köcheln lassen. Zum Schluss mit Balsamico, Sojasauce, Salz und Pfeffer abschmecken.

Entenbrust waschen und mit etwas Küchenpapier trocken tupfen. Die Haut mit einem scharfen Messer mehrmals kreuzweise einritzen und dabei aufpassen, dass das Fleisch nicht verletzt wird. Backofen auf 150 °C vorheizen. Eine Pfanne erhitzen, die Entenbrust ohne Zugabe von Öl mit der Hautseite nach unten in die Pfanne legen und etwa 5 Minuten kräftig braten, bis sie leicht gebräunt ist. Dann wenden und weitere 5 Minuten braten. Fleisch mit Salz und Pfeffer würzen und nochmals wenden. Die Ente im Ofen für 12–15 Minuten weiterbraten, in Alufolie wickeln und 5 Minuten ruhen lassen. Salatblätter waschen und trockenschütteln. Trauben waschen. Orangen-Senf-Dressing zubereiten.

Wenn die Gäste da sind: Estragonblättchen von den Stängeln zupfen. Salatblätter, Maronen, Linsen, Trauben und Estragon in einer Schüssel mit dem Dressing marinieren und auf Tellern anrichten. Entenbrust schräg in Scheiben schneiden und auf den Salat legen.

Fünfgängemenü: Meeresfrüchte

Miesmuscheln im Safran-Gemüse-Fond mit Crème fraîche

Arbeitszeit: 20–30 Minuten
Schwierigkeitsgrad: leicht
Menge: 4–6 Portionen

2 kg Miesmuscheln
2 Schalotten, 2 Knoblauchzehen
400 g Wurzelgemüse (Karotten, Lauch, Petersilienwurzeln, Pastinaken)
1 Stange Sellerie
½ Fenchelknolle, 2 Lorbeerblätter
4 EL Olivenöl
1 kleines Bund Petersilie
½ Vanilleschote
½ rote Chilischote
1 TL Senfkörner
je ½ TL Fenchel-, Koriander- und Anissamen
2 Nelken, 1 Sternanis
2 Wacholderbeeren
200 ml trockener Weißwein
1 Msp Safran
100 ml Orangensaft
150 g Crème fraîche, Salz
frisch gemahlener schwarzer Pfeffer

Kaufen Sie Muscheln so frisch wie möglich! Die beste Jahreszeit ist in den Monaten mit »r«, von September bis April.

Vorbereiten: Muscheln unter fließend kaltem Wasser abbürsten und die Bärte entfernen. Offene und beschädigte Muscheln wegwerfen. Schalotten und Knoblauch schälen und in feine Würfel schneiden. Gemüse waschen bzw. schälen und fein würfeln. Einige Sellerieblätter beiseite legen. Für den Gemüsesud 3 Esslöffel Olivenöl in einem großen, flachen Topf erhitzen. Gemüse, Schalotten, Knoblauch und Lorbeerblätter unter Wenden darin einige Minuten anbraten. Petersilie waschen, Blättchen von den Stängeln zupfen und Stängel in feine Röllchen schneiden. Vanilleschote längs aufschlitzen, Chilischote waschen, Samen und Scheidewände entfernen und Chilischote fein hacken. Beides mit den Gewürzen – bis auf den Safran – hinzufügen und mitbraten. Mit Weißwein ablöschen und 10–15 Minuten auf die Hälfte einkochen. Safran und Orangensaft dazugeben und mit 200 ml Wasser aufgießen. Etwa 5 Minuten bei starker Hitze offen einkochen. Dann Crème fraîche einrühren, kräftig salzen und pfeffern.

Wenn die Gäste da sind: Petersilien- und zurückgelegte Sellerieblättchen fein hacken. Gemüsesud aufwärmen, die Muscheln hinzufügen und bei starker Hitze zugedeckt 3–6 Minuten dünsten, dabei ein- bis zweimal umrühren, bis sich alle Muscheln geöffnet haben. Geschlossene Muscheln wegwerfen. Die Muscheln mit einer Schaumkelle in eine vorgewärmte große Schüssel füllen, 2–3 Esslöffel Muschelsud zugeben, mit der gehackten Petersilie und den Sellerieblättern bestreut servieren.

Mein Tipp:

Schmeckt am besten mit Couscous (siehe Seite 186), aber auch mit Pastinaken oder Süßkartoffelpüree oder einfach nur mit Baguette.

Fünfgängemenü: Fleisch

Lamm-Tajine mit Quitten

Als Tajine bezeichnet man ein zylindriges Tongefäß, in dem in Marokko viele Variationen von Eintöpfen geschmort werden. Ein schwerer Schmortopf eignet sich jedoch genauso gut. Von Nathalie habe ich gelernt, wirklich gute Tajines zu kochen, die aus Babette's Küche gar nicht mehr weg zu denken sind.

Arbeitszeit: 15–20 Minuten
Schwierigkeitsgrad: leicht
Menge: 4–6 Portionen

- 1 kg Lamm, in Würfeln (aus der Schulter)
- 3 EL Ras El Hanout
- 2–3 Zwiebeln
- 2 Knoblauchzehen
- 1–2 Scheiben Ingwer
- 1 Zimtstange
- 2–3 Quitten
- 2 EL Butter zum Braten
- 2 EL Olivenöl zum Braten
- 8 Schalotten
- 2 EL Honig
- Salz
- frisch gemahlener schwarzer Pfeffer
- 2–3 EL gehackter Koriander nach Belieben

Vorbereiten: Backofen auf 150 °C vorheizen. Einen Schmortopf auf dem Herd erhitzen. Das Lammfleisch mit Ras EL Hanout einreiben, in den Schmortopf geben und ohne Öl trocken anbraten, bis es zu duften beginnt. Zwiebeln und Knoblauch schälen. Zwiebeln in Scheiben schneiden, Knoblauch hacken. Zusammen mit dem Ingwer und der Zimtstange zum Lamm geben. Mit so viel Wasser auffüllen, dass das Fleisch fast ganz bedeckt ist. Das Lamm auf unterster Schiene im Ofen für 2 Stunden langsam fertig garen.

Den pelzigen Belag der Quitten abreiben. Quitten waschen, sechsteln und die Kerngehäuse herausschneiden. Butter und Olivenöl in einer Pfanne erhitzen. Schalotten schälen, halbieren und bei geringster Hitze 10–15 Minuten darin braten. Mit dem Honig karamellisieren. 20 Minuten vor Ende der Garzeit Quitten und Schalotten zum Lamm geben. Fein gehackten Koriander nach Belieben darunterheben, Ingwerscheiben und Zimtstange entfernen.

Wenn die Gäste da sind: Tajine erwärmen und auf Tellern anrichten.

Mein Tipp:

Probieren Sie die Tartes auch einmal mit Cranberry-Relish (siehe Seite 185) oder eingelegten Früchten, die die Speisekammer hergibt, anstelle von Preiselbeeren.

Fünfgängemenü: Dessert

Schoko-Preiselbeer-Cashewbutter-Tarte

Arbeitszeit: 20–30 Minuten
Schwierigkeitsgrad: leicht
Menge: eine Tarte

Für den Boden:

- 200 g Weizenmehl
- 100 g Butter
- 1 EL Puderzucker
- 1 Ei
- 1 Prise Salz

Für die Cashewbutter:

- 250 g Cashewkerne

Für die Schokocreme:

- 350 g Sahne
- 250 g Zartbitterschokolade (70% Kakao)
- 2 Eier Größe L
- 100 g Zucker
- Vanillepulver
- 1 Prise Salz

Außerdem:

- 3–4 EL Preiselbeermarmelade

Schicht für Schicht ein Hochgenuss. Statt Cashewkernen schmecken auch Erdnüsse, Mandeln oder Haselnüsse sehr lecker.

Vorbereiten: Für den Boden alle Zutaten rasch zu einem glatten Teig kneten. Eine Tarteform damit auskleiden und für 20 Minuten im Kühlschrank kalt stellen. Den Backofen auf 180 °C vorheizen. Die gekühlte Tarte mit Backpapier auslegen, mit Hülsenfrüchten beschweren und im Ofen 10–15 Minuten blindbacken.

Für die Cashewbutter Cashewkerne in einer Küchenmaschine in einer Pfanne ohne Fett rösten, bis sie zu duften beginnen. Dann die Kerne mahlen und mit 1–2 Esslöffel Wasser zu einer geschmeidigen Paste rühren.

Für die Schokocreme Sahne in einem kleinen Topf erhitzen und die Schokolade darin schmelzen. Eier mit Zucker und Vanille schaumig aufschlagen, Schokoladen-Sahne-Mischung unterrühren. Nacheinander Preiselbeeren, Cashewbutter und Schokocreme auf dem Tarteboden verteilen. Im Ofen 15 Minuten fertig backen. Mindestens 2 Stunden auskühlen lassen, aber nicht in den Kühlschrank stellen.

Wenn die Gäste da sind: Tarte aufschneiden und servieren.

Mein Tipp:
Um mir das Entfernen der Gewürze zu ersparen, gebe ich diese in einen Teebeutel, den ich in der Suppe mitziehen lasse und später entferne. So ist der volle Geschmack in der Suppe, aber kein störender Rest.

Pastinaken-Nussöl-Suppe mit Gewürznüssen

In England und den USA gilt sie als Weihnachtsgemüse, denn sie schmeckt süß und nussig zugleich. Im 18. Jahrhundert wurde die Pastinake dann von der Kartoffel verdrängt. Zubereitet wird sie wie die Karotte, enthält jedoch mehr Zucker, weshalb sie früher sogar zu Marmelade und Wein verarbeitet wurde. In Suppen, als Püree oder als Schmorgemüse eignet sie sich besonders gut.

Arbeitszeit: 15–20 Minuten
Schwierigkeitsgrad: leicht
Menge: 4–6 Portionen

- 500 g Pastinaken
- 1 weiße Zwiebel
- 2 Knoblauchzehen
- 1 Stück Ingwer (2 cm)
- 1 EL Butter, 2–3 EL Olivenöl
- 2 Thymianzweige
- ½ TL Koriandersamen
- 1 Lorbeerblatt
- ½ TL abgeriebene Schale von 1 Bio-Orange
- 2 Wacholderbeeren
- 2 Pimentkörner
- 100 ml trockener Weißwein
- etwa 500 ml Gemüsebrühe
- 1 Schuss Cointreau, Salz
- frisch gemahlener schwarzer Pfeffer
- frisch gemahlene Muskatnuss
- etwas Milch nach Bedarf
- etwas Nussöl zum Beträufeln

Für die Nüsse:

- 1 Eiweiß
- je 100 g Walnüsse, Mandeln Pecannüsse und Haselnüsse
- 30 g Zucker
- ½ TL abgeriebene Schale von 1 Bio-Orange
- 1 TL Salz
- 1 TL Gewürzmischung nach Wahl, wie Garam Masala, Five Spice, Mocca Mix

Vorbereiten: Pastinaken und Zwiebel schälen und in Würfel schneiden. Knoblauch leicht andrücken, aus der Schale lösen und grob hacken. Ingwer schälen und reiben.

Butter und Olivenöl in einem hohen Topf erhitzen und Zwiebel zusammen mit dem Knoblauch einige Minuten darin anschwitzen. Pastinaken, Thymianzweige, Koriandersamen, Lorbeerblatt, abgeriebene Orangenschale, Wacholderbeeren und Piment dazugeben und kräftig anbraten, aber nicht braun werden lassen. Mit Weißwein ablöschen und 5 Minuten köcheln lassen. Mit der Gemüsebrühe auffüllen und weitere 20 Minuten garen. Zum Schluss den Cointreau zugeben. Lorbeerblatt, Wacholderbeeren, Thymianzweige und Pimentkörner entfernen und die Suppe fein pürieren. Mit Salz, Pfeffer und Muskatnuss abschmecken und eventuell mit etwas Milch verfeinern.

Für die Nüsse Backofen auf 150 °C vorheizen. Eiweiß mit einer Gabel leicht aufschlagen. Nüsse, Zucker, abgeriebene Orangenschale, Salz und Gewürze dazugeben und gut vermischen. Auf ein mit Backpapier ausgelegtes Backblech legen und im Ofen 20–30 Minuten hellbraun backen, bis die Nüsse trocken sind. Alle 10 Minuten wenden. Abkühlen lassen und in einem luftdichten Glas bis zu einen Monat aufbewahren.

Wenn die Gäste da sind: Suppe aufwärmen, mit Nussöl beträufeln und Gewürznüsse dazu reichen.

Mein Tipp:

Um noch mehr Zeit zu sparen, können Sie die Strudel einfrieren um sie später erst mit der Butter einzustreichen und im Ofen fertig zu backen. So haben Sie im Nu eine schnelle, frische Beilage.

Wildschweinragout mit Maronen, Dörrpflaumen & Rotkohlstrudel

Arbeitszeit: 20–25 Minuten
Schwierigkeitsgrad: mittel
Menge: 4–6 Portionen

800 g Wildschweinragout (aus der Schulter)
1–2 EL Wildgewürz
300 g Wurzelgemüse (Karotten, Pastinaken, Petersilienwurzel)
1 Zwiebel, 1 Knoblauchzehe
2–3 EL Olivenöl, 1 Scheibe Ingwer
2 EL Tomatenmark
2 Thymian- und Rosmarinzweige
1 Zimtstange, 750 ml Rotwein
1 l Fond oder Wasser
etwa 20 g Zartbitterschokolade
1 kurzer Espresso
2 EL Preiselbeermarmelade
etwas abgeriebene Schale von 1 Bio-Orange
100 g geröstete Maronen (s. S. 187)
100 g Dörrpflaumen

Für den Strudel:
1 Rotkohl, 1 Apfel
1 EL Butter und Butter zum Bestreichen
1 rote Zwiebel
je 2 Thymianzweige, Gewürznelken, Pimentkörner und Wacholderbeeren
1 Lorbeerblatt, 1 Zimtstange
Saft und etwas abgeriebene Schale von 1 Bio-Orange
200 ml Holunder- o. Johannisbeersaft
200 ml Rotwein
3 EL Balsamico, 2 EL Sojasauce
2–3 EL Berberitzen oder Cranberries
frisch gemahlener schwarzer Pfeffer
frisch geriebene Muskatnuss
4–6 Strudelblätter, Salz

Genau das richtige Ragout für kalte und nebelverhangene Novembertage. Herzhaft und süß zugleich, passt es zum pikant-säuerlichen Strudel.

Vorbereiten: Rotkohl halbieren, Strunk und dicke Blätter entfernen. Kraut in feine Streifen schneiden. Apfel schälen, Kerngehäuse entfernen und Fruchtfleisch reiben. Butter in einem großen Topf bei mittlerer Hitze aufschäumen. Zwiebel schälen, würfeln, zugeben und einige Minuten anbraten. Rotkohl, Apfel, Kräuter, Gewürze, abgeriebene Orangenschale und -saft, Holunder- oder Johannisbeersaft, Rotwein, Balsamico, Sojasauce und Berberitzen oder Cranberries hinzufügen. Etwa 1 Stunde bei schwacher Hitze köcheln lassen. Gelegentlich umrühren. Zum Schluss mit Salz, Pfeffer und Muskatnuss abschmecken.

Strudelblätter halbieren. Etwas Butter schmelzen und jedes Blatt damit bestreichen. Je 2–3 Esslöffel Rotkohl auf ein Strudelteig-Ende geben. Strudel seitlich einschlagen, eingeschlagene Teigstücke mit Butter bestreichen und aufrollen. Mit der Nahtseite nach unten auf ein mit Backpapier belegtes Blech legen und wieder mit Butter bestreichen. Backofen auf 160 °C vorheizen.

Das Fleisch mit dem Wildgewürz einreiben. Wurzelgemüse schälen und würfeln. Zwiebeln und Knoblauch schälen und hacken. Einen Schmortopf stark erhitzen, erst dann das Olivenöl hinzufügen. Wildschweinwürfel an allen Seiten 1–2 Minuten kräftig braun anbraten und herausnehmen. Wurzelgemüse, Zwiebel, Knoblauch und Ingwer im Bratenrückstand einige Minuten kräftig anbraten. Tomatenmark kurz mitrösten, das Fleisch zusammen mit Thymian, Rosmarin und Zimt dazugeben. Mit dem Wein ablöschen, mit dem Fond aufgießen, kurz aufkochen lassen und im Ofen auf unterster Schiene zugedeckt 2½ Stunden zart und saftig schmoren. Nach 2 Stunden Preiselbeeremarmelade, abgeriebene Orangenschale, Espresso und Schokolade hinzufügen, zum Schluss Maronen und Dörrpflaumen.

Wenn die Gäste da sind: Strudel im Backofen 10–15 Minuten backen. Schräg in der Mitte durchschneiden und auf dem Wildschweinragout anrichten.

Mein Tipp:
Für halbflüssige Törtchen den Teig in Porzellanförmchen oder Tassen füllen, mindestens 15 Minuten bis zu 2 Wochen einfrieren und dann im Ofen bei 170 °C 20 Minuten backen. Ein tolles Notfall-Dessert!

Dreigängemenü: Dessert

Schokoladenkuchen mit Macadamianüssen & rotem Kampot-Pfeffer

Ich glaube, einen einfacheren und schnelleren Schokoladenkuchen wie diesen hier gibt es nicht. Der Kuchen ist in der Mitte noch etwas cremig, und genau das macht ihn so besonders. Probieren Sie statt der Macadamianüsse zum Beispiel Maronen, Pinienkerne, Pistazien oder Gewürze wie Lebkuchengewürz und Chili. Hier finden Sie zwei Varianten des Rezeptes: Eine einfache und eine etwas aufwendigere, deren Ergebnis fast schon an Mousse erinnert.

Arbeitszeit: 10–15 Minuten
Schwierigkeitsgrad: leicht
Menge: eine Tarte

200 g Zartbitterschokolade (mind. 70% Kakao)
200 g Butter
1 Ristretto nach Belieben
½ Vanilleschote
150 g Zucker
5 Eier
100 g ungesalzene geröstete Macadamianüsse
2 TL roter Kampot-Pfeffer
1 Prise Salz nach Belieben

Vorbereiten: Einfache Variante: Backofen auf 180 °C vorheizen. Schokolade mit der Butter und dem Ristretto nach Belieben in einem Topf bei schwacher Hitze langsam schmelzen lassen. Vanilleschote längs aufschlitzen und das Mark herauskratzen. Zusammen mit Zucker und Eiern cremig aufschlagen. Schokoladen-Butter-Mischung damit verrühren und nacheinander Nüsse und Pfeffer unterheben. Den Teig in eine gut gefettete Spring- oder Kastenform füllen und 20–25 Minuten backen. Der Kuchen sollte in der Mitte auf Fingerdruck noch leicht nachgeben.

Aufwendigere Variante: Backofen auf 180 °C vorheizen. Schokolade mit der Butter und dem Ristretto nach Belieben in einem Topf bei schwacher Hitze langsam schmelzen lassen. Vanilleschote längs aufschlitzen und das Mark herauskratzen. Eier trennen. Eiweiß mit einer Prise Salz steif schlagen und mit der Hälfte des Zuckers cremig und glänzend rühren. Eigelb, restlichen Zucker und Vanillemark mit einem Schneebesen eine Minute aufschlagen, mit der Schokoladen-Butter-Mischung verrühren und nacheinander Nüsse und Pfeffer unterheben. Zum Schluss den Eischnee unterheben, den Teig in eine gut gefettete Spring- oder Kastenform füllen und 20–25 Minuten backen.

Wenn die Gäste da sind: Kuchen aufschneiden und servieren.

Fünfgängemenü: Suppe

Maronensuppe mit Zimt & Früchtebrot

Arbeitszeit: 20–25 Minuten
Schwierigkeitsgrad: leicht
Menge: 4–6 Portionen

- 400 g gegarte Maronen (siehe Seite 187)
- 2 Schalotten, ½ Knolle Sellerie
- 1 EL Öl, 1 Zimtstange
- ½ TL Fenchelsamen
- ½ TL Koriandersamen
- 1–2 Thymianzweige
- 1 Lorbeerblatt
- 1 Schuss Weißwein oder Noilly Prat
- 800 ml Gemüse- oder Hühnerbrühe
- Salz
- frisch gemahlener schwarzer Pfeffer
- frisch geriebene Muskatnuss
- 250 ml Milch
- Zimt nach Belieben

Für das Früchtebrot:

- 300 g Weizenmehl, 1 Prise Salz
- 1 TL Weinsteinbackpulver
- 100 ml Milch, 5 EL Honig
- 60 ml Olivenöl oder 60 g Butter
- 2 Eier
- je 100 g Datteln, Feigen, Dörrpflaumen, Haselnüsse und Mandeln

Cremig-süße Maronen machen sich außerordentlich gut in einer winterlich herzhaften Suppe und vertragen sich sehr gut mit Zimt. Das Früchtebrot dazu sollte nicht zu süß sein, deshalb selber backen und so unnötigen Zucker vermeiden.

Vorbereiten: Schalotten und Sellerie schälen und würfeln. Olivenöl in einem hohen Topf erhitzen. Die Schalotten darin einige Minuten glasig anbraten. Selleriewürfel, Zimt, Fenchel, Koriander, Thymian und Lorbeerblatt dazugeben und einige Minuten mitbraten. Maronen schälen und ebenfalls dazugeben, wieder einige Minuten mitrösten. Mit Wein oder Noilly Prat ablöschen und mit der Brühe aufgießen. Im geschlossenen Topf 10–15 Minuten leise köcheln lassen. Zimtstange, Thymianzweige und Lorbeerblatt entfernen. Suppe fein pürieren. Mit Salz, Pfeffer und Muskatnuss abschmecken.

Für das Früchtebrot Backofen auf 180 °C vorheizen. Mehl, Salz und Backpulver vermischen. Butter nach Bedarf schmelzen. Milch lauwarm erwärmen und mit Honig, Olivenöl oder Butter und Eiern verrühren. Trockenfrüchte und Nüsse grob hacken und zusammen mit dem Honiggemisch unter das Mehl mischen. Den Teig in eine mit Backpapier ausgelegte Kastenform füllen und 25–35 Minuten backen.

Wenn die Gäste da sind: Die Milch erhitzen, aber nicht kochen und mit einem Milchaufschäumer sehr cremig schlagen. Die Maronensuppe in Tassen oder Gläser füllen. Den Milchschaum daraufsetzen. Nach Belieben mit etwas Zimt bestreuen. Suppe mit dem Früchtebrot servieren.

Süßsauer marinierter Rotkohlsalat

Die Nashi-Birne, auch unter dem Namen asiatische Birne bekannt, ist eine erfrischende Mischung aus Birne und Apfel: Sie hat die Form und Knackigkeit eines Apfels, aber die körnige Konsistenz und den Geschmack einer Birne. Die frische, saftige Frucht passt gut zur Säure vom Krautsalat, zur Süße der Datteln und zum luftgetrockneten Rinderfilet.

Vorbereiten: Rotkohl waschen und die äußeren Blätter entfernen, Kohl vierteln und den Strunk herausschneiden. Den Kohl fein schneiden oder hobeln, mit Salz bestreuen und mit den Händen kräftig durchkneten. Apfel schälen, raspeln und zum Rotkohl geben. Restliche Zutaten für den Salat ebenfalls zum Rotkohl geben und noch einmal gut durchmischen. Mindestens 20 Minuten oder bis zu einen Tag durchziehen lassen, mit Salz und Pfeffer abschmecken. Nashi-Birne waschen, Datteln in Streifen schneiden.

Wenn die Gäste da sind: Zum Anrichten Birnen in Spalten schneiden. Salat auf Teller verteilen, mit den Nashi-Birnen belegen, auf jede Birne eine Bresaolascheibe legen, in Rosenform drehen und mit den Dattelstreifen bestreuen. Eventuell noch mit gutem Nussöl beträufeln.

Arbeitszeit: 15–20 Minuten
Schwierigkeitsgrad: leicht
Menge: 4–6 Portionen

- 1 kleiner Rotkohl
- ½ TL Salz
- 1 Apfel
- 1 Zimtstange
- 2 Lorbeerblätter
- 2 Gewürznelken
- 1 Stück Ingwer (1 cm)
- etwas gehackte Petersilie
- Saft und ½ TL abgeriebene Schale von 1 Bio-Orange
- 60–70 ml Johannisbeer- oder Apfelsaft
- 1 TL Honig oder Ahornsirup
- 3 EL Balsamico oder Himbeeressig
- 2 EL Sojasauce
- 2 EL Berberitzen oder Rosinen
- 4 EL Olivenöl oder Nussöl
- 50 g Mandelblättchen, Pinienkerne oder Walnüsse
- Salz
- frisch gemahlener schwarzer Pfeffer

Für das Topping:

- 1 Nashi-Birne (ersatzweise Apfel oder Birne)
- 2 frische kleine Datteln pro Person
- 4 Scheiben Bresaola pro Person
- etwas Nussöl zum Beträufeln nach Belieben

Lachsforelle auf Spinat mit Safran-Schalotten-Fond & Rote-Bete-Püree

Arbeitszeit: 30–40 Minuten
Schwierigkeitsgrad: mittel
Menge: 4–6 Portionen

4–6 Lachsforellenfilets mit Haut (à 150 g)
250 g Mandelblättchen
Salz
frisch gemahlener schwarzer Pfeffer
einige Thymianblättchen
1 Eiweiß
Butter und Olivenöl zum Braten

Für das Püree:
300 g Rote Bete
Salz
100 g Kartoffeln
1 Stück Ingwer (2 cm)
2 Pimentkörner
20 g Butter
frisch gemahlener schwarzer Pfeffer
frisch geriebene Muskatnuss

Für den Spinat und den Fond:
2 Schalotten
1 EL Olivenöl
1 Schuss Noilly Prat
1 Msp Safranfäden
200 ml Orangensaft
160 ml trockener Weißwein
200 ml Brühe
2 Thymianzweige
½ TL Senfkörner
Salz
frisch gemahlener schwarzer Pfeffer
250 g Spinat

Der Spinat wird in einem würzigen Sud aus Schalotten und Safran schonend gegart und bringt zusammen mit Rote-Bete-Püree und knuspriger Lachsforelle so richtig Farbe auf den Teller. Safran sollte stets in etwas Flüssigkeit eingeweicht und erst dann der Speise zugefügt werden.

Vorbereiten: Rote Bete waschen und in Salzwasser bei mittlerer Hitze 45 Minuten bis 1 Stunde weich kochen. Abkühlen lassen und die Schale abreiben. Rote Bete in Stücke schneiden und fein pürieren. Kartoffeln schälen und in Salzwasser 15–20 Minuten weich garen. Die noch heißen Kartoffeln durch eine Kartoffelpresse drücken. Ingwer schälen und fein reiben. Piment im Mörser fein zerstoßen. Kartoffeln mit Butter, Roter Bete und Piment kräftig mischen. Mit Salz, Pfeffer und Muskatnuss abschmecken.

Für den Safranfond Schalotten schälen, würfeln und in Olivenöl glasig braten. Safran in einem Mörser mahlen, mit dem Noilly Prat anrühren und die Schalotten damit ablöschen, mit Orangensaft, Weißwein und dem Fond aufgießen. Thymian, Salz und Pfeffer dazugeben und 20 Minuten leise köcheln lassen.

Für die Forelle Mandeln mit Salz, Pfeffer und Thymian mischen und auf einem großen, flachen Teller verteilen. Das Eiweiß auf einem zweiten Teller verquirlen. Die Lachsforellenfilets mit der Hautseite zuerst durch das Eiweiß ziehen, dann in die Mandelmischung drücken. Spinat waschen, verlesen und abtropfen lassen.

Wenn die Gäste da sind: Eine Pfanne leicht erhitzen und etwas Butter und Olivenöl darin erwärmen. Filets mit der Hautseite in die Pfanne legen und bei schwacher Hitze 5–8 Minuten nur auf der Hautseite garen. Eventuell noch im Backofen bei 150 °C nachziehen lassen. Spinat einige Sekunden in den Safranfond legen, jedoch nicht ganz zusammenfallen lassen. Mit dem Püree und der Lachsforelle servieren.

Mein Tipp:
Wer's knusprig mag, schreckt die Schupfnudeln nach dem Kochen mit kaltem Wasser ab, fügt etwas Öl hinzu und brät sie in der Butter-Mohn-Mischung knusprig braun.

Fünfgängemenü: Fleisch

Hirschragout mit Roter Bete & Mohnschupfnudeln

Die Rote Bete hilft dem Fleisch, noch zarter zu werden, und gibt ihm gleichzeitig eine schöne dunkelrote Farbe.

Arbeitszeit: 30–40 Minuten
Schwierigkeitsgrad: mittel
Menge: 4–6 Portionen

- 1 kg Hirschragout aus der Keule
- 2–3 rote Zwiebeln
- 1 Stück Ingwer (3–4 cm)
- 2–3 Knoblauchzehen
- 5–6 kleine Rote Beten
- Olivenöl zum Braten, Salz
- frisch gemahlener schwarzer Pfeffer
- 1 Zimtstange, 2 Gewürznelken
- 3 Wacholderbeeren, 3 Pimentkörner
- ½ TL Koriandersamen
- ½ TL Fenchelsamen
- 2 Thymianzweige
- 1 Streifen Schale von 1 Bio-Orange
- 1 EL Preiselbeergelee
- 500 ml kräftiger Rotwein
- 500 ml Brühe
- 2–3 EL Balsamico

Für die Schupfnudeln:

- 500 g Kartoffeln
- 140 g Weizenmehl Typ 550 plus Weizenmehl zum Bestäuben
- 50 g Quark, Salz
- frisch gemahlener schwarzer Pfeffer
- frisch geriebene Muskatnuss
- 2–3 EL Butter
- 2 EL gemahlener Mohn

Vorbereiten: Backofen auf 150 C° vorheizen. Zwiebeln schälen, halbieren und in dünne Streifen schneiden. Ingwer und Knoblauch schälen und fein hacken. Rote Bete schälen und vierteln. Einen Bräter erhitzen und erst dann das Olivenöl hinzufügen. Fleisch von beiden Seiten 1–2 Minuten kräftig braun anbraten. Mit Salz und Pfeffer würzen. Auf einem Teller beiseitestellen.

Zwiebeln, Knoblauch und Ingwer im Bräter mit dem Bratenrückstand kräftig braten. Dann Gewürze, Thymian, Orangenschale, Preiselbeergelee, Rote Bete und Fleisch in den Bräter geben. Mit Wein ablöschen und Brühe aufgießen. Kurz aufkochen und im Backofen auf unterster Schiene zugedeckt 2½ Stunden zart und saftig schmoren. Zum Schluss mit Balsamico abschmecken.

Für die Schupfnudeln Kartoffeln schälen und in Salzwasser weich kochen. Abgießen, in den Topf zurückgeben und auf der ausgeschalteten Herdplatte abdämpfen lassen. Dann Kartoffeln durch eine Kartoffelpresse drücken und zusammen mit Mehl, Quark, Salz, Pfeffer und Muskatnuss zu einem geschmeidigen Teig verarbeiten. Die Arbeitsfläche und ein Küchentuch mit Mehl bestäuben. Den Teig zu langen, 1 Zentimeter dicken Rolle formen, in 3 Zentimeter lange Stücke schneiden und mit bemehlten Händen zu kleinen, an den Enden zugespitzten Rollen formen. Auf das vorbereitete Küchentuch legen, ohne dass sich die Schupfnudeln berühren. Reichlich schwach gesalzenes Wasser aufkochen. Die Schupfnudeln portionsweise hineingeben und 3–5 Minuten ziehen lassen, bis sie an die Oberfläche steigen. Mit der Schaumkelle herausheben und gut abtropfen lassen.

Wenn die Gäste da sind: Butter in einer beschichteten Pfanne erhitzen, Mohn dazugeben. Die Schupfnudeln hinzufügen und durchschwenken. Zu dem Fleisch servieren.

Fünfgängemenü: Dessert

Cranberry-Walnuss-Tarte

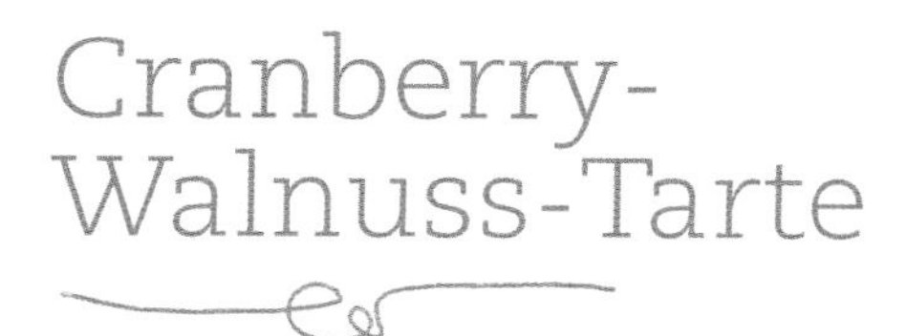

Arbeitszeit: 15–20 Minuten
Schwierigkeitsgrad: leicht
Menge: eine Tarte

1 süßer Mürbeteig (siehe Seite 122)
1 Vanilleschote
60 g Butter
150 g Walnüsse
3 Eier
140 g brauner Zucker
200 g Ahornsirup
½ TL Salz
200 g frische Cranberries oder Preiselbeeren

Die leicht säuerliche Note der Cranberries hebt die Süße von Sirup und Zucker dezent auf. Ein Genuss!

Vorbereiten: Für den Tarteboden den Teig dünn ausrollen und eine Tarteform damit auskleiden. Für 30 Minuten im Kühlschrank kalt stellen. Backofen auf 180 °C vorheizen.

Für die Füllung Vanilleschote längs aufschlitzen und das Mark herauskratzen. Butter schmelzen. Walnüsse grob hacken. Eier, Zucker, Sirup, Butter, Salz und Vanille in einer Schüssel vermengen und mit dem Schneebesen so lange verrühren, bis sich der Zucker aufgelöst hat. Walnüsse und Cranberries untermischen und die Masse in die vorbereitete Tarteform füllen. 40–45 Minuten backen.

Wenn die Gäste da sind: Tarte aufschneiden und servieren.

Winter

Wenn sich der eisig kalte Winter breitmacht und Schneeflocken zu tanzen beginnen, dann ist es Zeit für wärmende, herzhafte Schmorgerichte, die Leib und Seele glücklich machen. Schleckermäuler kommen um diese Jahreszeit auf ihre Kosten, und der Duft nach Zimt, Maronen und Glühwein lässt so manchen Winterblues in Windeseile verblassen. So kann der Winter ewig dauern!

Mein Tipp:
Servieren Sie die Pastete mit Cranberryrelish (siehe Seite 186), Birnen-Chutney, eingelegtem Kürbis oder Quittenbrot. Dazu passt Salat. Pasteten eignen sich auch perfekt als Geschenk aus der Küche!

Dreigängemenü: Vorspeise

Kaninchenpastete mit Dörrpflaumen, Nüssen & Gelee

Pasteten lassen sich wunderbar vorbereiten und schmecken nach 1–2 Tagen noch besser! Mit einem kleinen Salat und Chutney Ihrer Wahl ergeben sie eine wunderbar luxuriöse Vorspeise, sind aber auch ein delikates Mitbringsel für den nächsten Brunch.

Arbeitszeit: 25–30 Minuten
Schwierigkeitsgrad: mittel
Menge: 4–6 Portionen

Für den Teig:
300 g Weizenmehl
150 g Butter, 1 TL Salz
1 Ei

Für die Füllung:
300 g gehacktes Kaninchenfleisch
300 g gehacktes Schweinefleisch
3 Schalotten, 1 EL Butter
2 Thymianzweige
50 ml weißer Portwein
50 g Pistazien, 50 g Haselnüsse
50 g Dörrpflaumen
50 ml Armanac
2 TL Pastetengewürz, 1 TL Salz
1 TL abgeriebene Schale von 1 Bio-Orange
150 g Sahne
etwas Eigelb zum Bestreichen
etwas Milch zum Bestreichen

Für das Gelee:
100 ml Kaninchenfond oder Preiselbeersaft
1 Blatt Gelatine
50 ml weißer Portwein

Vorbereiten: Für den Teig alle Zutaten rasch glatt verkneten. In Frischhaltefolie wickeln und im Kühlschrank für 20 Minuten ruhen lassen.

Schalotten schälen und fein hacken. Thymianblättchen von den Zweigen zupfen. Schalotten mit Butter und Thymian glasig braten. Mit dem Portwein ablöschen und beiseitestellen. Pistazien, Haselnüsse und Dörrpflaumen grob hacken. Schalotten mit den übrigen Zutaten für die Füllung mit den Händen gut durchkneten. Backofen auf 180 °C vorheizen. Teig 5 Millimeter dünn ausrollen und eine Pastetenform oder Muffinförmchen mit etwa zwei Dritteln des Teigs auslegen. Füllung einfüllen. Aus dem restlichen Teig für den Deckel etwas größere Kreise als die Form / Förmchen ausstechen und Pastete(n) damit verschließen. Mit einem kleinen Ausstecher je 1 kleines Loch ausstechen. Nach Belieben mit Teigsternchen oder anderen Verzierungen garnieren und leicht mit Eigelb und Milch bestreichen. Im Ofen 30 Minuten backen.

Für das Gelee Gelatine in kaltem Wasser 5 Minuten einweichen. Fond oder Saft und Portwein lauwarm erwärmen und die Gelatine darin auflösen. Nach dem Erkalten der Pasteten das warme Gelee durch die ausgestochenen Löcher der Teigdeckel einfüllen und etwa 3–4 Stunden kühlen.

Wenn die Gäste da sind: Pastete servieren.

Dreigängemenü: Hauptgericht

Skrei auf Orangen-Kaffee-Karotten & Kartoffel-Estragon-Püree

Arbeitszeit: 15–20 Minuten
Schwierigkeitsgrad: leicht
Menge: 4–6 Portionen

4 Skreifilets (à 150–180 g)
50 g Zucker
400 ml Orangensaft
½ Chilischote
½ Vanilleschote
1 Kardamomkapsel
1 Zitronengrasstängel
1 Scheibe Ingwer
1 Thymianzweig
3–4 Koriandersamen
20 g Kaffeebohnen
1 TL Maisstärke nach Bedarf
Salz
frisch gemahlener schwarzer Pfeffer
8 Karotten
Zucker

Für das Kartoffelpüree:
1 kg mehlig kochende Kartoffeln
Salz
150 g Butter
etwa 160 ml Milch nach Bedarf
frisch geriebene Muskatnuss
frisch gemahlener schwarzer Pfeffer
2–3 EL Estragonblättchen

Von den riesigen Meeresgebieten in der nördlichen Barentssee begeben sich von Januar bis März Millionen ausgewachsener Winterkabeljaue einmal im Jahr auf die Wanderung zu ihren Laichplätzen entlang der winterlichen Küste Norwegens bis zu den Inselgruppen der Lofoten, um dort für die Erhaltung ihrer Art zu sorgen. Bis zu 600 Kilometer legt ein Skrei dabei zurück, weswegen sein Fleisch besonders fest ist. Das weiße Fleisch hat einen delikaten Geschmack und ist fettarm.

Vorbereiten: Zucker in einem kleinen Topf schmelzen und mit dem Orangensaft ablöschen. Chilischote waschen, Samen und Scheidewände entfernen, Vanilleschote längs aufschlitzen und das Mark auskratzen, Kardamomkapsel andrücken. Chili, Vanillemark, Kardamom, Zironengras, Ingwer, Thymian, Koriander und Kaffeebohnen zum Orangensaft geben und etwa 15 Minuten leise köcheln lassen. Orangen-Kaffee-Sud durch ein feines Sieb seihen und eventuell mit der Stärke binden. Dazu 1 Teelöffel Maisstärke in kaltes Wasser einrühren und mit einem Schneebesen in die Sauce rühren. Mit Salz und Pfeffer würzen. Karotten schälen und in gleich große Stifte oder Streifen schneiden. In leicht gezuckertem und gesalzenen Wasser 2–3 Minuten blanchieren und in kaltem Wasser abschrecken.

3 Stunden vorher: Die Kartoffeln für das Püree schälen und in Salzwasser 15–20 Minuten weich kochen. Sofort durch eine Kartoffelpresse drücken und mit Butter, Milch, Muskatnuss, Salz und Pfeffer mit dem Schneebesen zum Püree rühren. Je nach Konsistenz noch mehr Milch hinzufügen. Estragonblättchen fein hacken, unter das Püree heben und abschmecken.

Wenn die Gäste da sind: Karotten im Orangen-Kaffee-Sud erwärmen. Fisch auf die Karotten legen, mit Salz und Pfeffer würzen und zugedeckt 3–5 Minuten bei schwacher Hitze dämpfen. Püree erwärmen. Alles zusammen anrichten.

Dreigängemenü: Dessert

Caramel Chocolate Pots mit Fleur de Sel & Holunderbirnen

Salz unterstützt die Aromen dabei, sich harmonisch zu entfalten und den Geschmack zu verstärken. Die Süße von Karamell und die leicht bittere Note der Schokolade erhalten so ein delikates Aroma.

Vorbereiten: 110 g Zucker in einem Topf zu bernsteinfarbigem Karamell schmelzen. Vanilleschote längs aufschlitzen. Milch, Sahne und Vanilleschote zum Karamell zugeben und so lange rühren, bis sich der Karamell aufgelöst hat. Dann die Schokolade in Stücke brechen und im Milch-Sahne-Gemisch schmelzen lassen. Die Eigelbe mit dem restlichen Zucker und dem Salz kurz aufschlagen. Etwas von der warmen Schokoladenmischung zur Eier-Zucker-Mischung geben, um diese zu temperieren. Dann die restliche Schokoladenmasse einrühren und die Creme in feuerfeste Tassen oder Schälchen füllen. Im Wasserbad bei 160 °C für 35 Minuten stocken lassen. Bis zum Anrichten mindestens 2 Stunden kalt stellen.

Die Birnen schälen, Vanilleschote längs aufschlitzen und beides mit den restlichen Zutaten in einem Topf aufkochen lassen. Etwa 5 Minuten bei schwacher Hitze ziehen lassen. Dann den Topf von der Herdplatte nehmen und die Birnen in der Flüssigkeit auskühlen lassen.

Wenn die Gäste da sind: Zum Anrichten die Schokoladencreme mit einer Prise Fleur de Sel bestreuen und zusammen mit den Rotweinbirnen servieren.

Arbeitszeit: 15–20 Minuten
Schwierigkeitsgrad: mittel
Menge: 4–6 Portionen

Für die Creme:

- 160 g Zucker
- ½ Vanilleschote
- 250 ml Milch
- 500 g Sahne
- 200 g Zartbitterschokolade (mind. 70% Kakao)
- 5 Eigelb
- 1 Prise Salz
- Fleur de Sel

Für die Birnen:

- 4–6 sehr kleine Birnen
- ½ Vanilleschote
- 200 ml Holundersaft
- 150 ml Rotwein
- 2 Gewürznelken
- 1 Sternanis
- 1 Zimtstange
- 1 Lorbeerblatt
- 2–3 EL Zucker oder nach Geschmack

Mein Tipp:

Kommt der Ricotta frisch aus dem Ofen, ist er noch etwas weich. Dann steche ich am liebsten löffelweise Portionen auf den Salat. Lässt man ihn etwas auskühlen, kann er gut in Scheiben geschnitten werden.

Fünfgängemenü: Salat

Rote-Bete-Orangen-Salat mit gebackenem Ricotta

Arbeitszeit: 15–20 Minuten
Schwierigkeitsgrad: leicht
Menge: 4–6 Portionen

3–4 Rote Beten, Salz
1 EL Sojasauce
1–2 EL Balsamico
3–4 EL Olivenöl
2–3 Thymianzweige
2 Pimentkörner
Saft und abgeriebene Schale von 1 Bio-Orange
frisch gemahlener schwarzer Pfeffer
1 Orange oder Grapefruit
1 Handvoll Pistazien
etwas Rucola, Feld-, Frisée- oder Eichblattsalat

Für den Ricotta:
2 Thymianzweige
250 g Ricotta
2 EL Olivenöl
1 TL abgeriebene Schale von 1 Bio-Zitrone, Salz
frisch gemahlener schwarzer Pfeffer

Für das Dressing:
1 TL Dijonsenf
50 ml Orangensaft
50 ml Oliven- oder Nussöl
50 ml Sherryessig oder weißer Balsamico
Saft von ½ Zitrone
1–2 EL Estragonblättchen
2–3 EL Preiselbeeren

Ricotta im Ofen zu backen ist eine sehr einfache, aber delikate Variante für Salate, Risotti oder als Begleitung zu Baguette und Wein. Auch die süße Variante mit einer Kugel Eis ist nicht zu verachten.

Vorbereiten: Backofen auf 180 °C vorheizen. Rote Bete waschen. Ein Backblech oder eine tiefe Backform gut mit Alufolie auskleiden. Rote Bete leicht salzen, in die Backform legen und Wasser daumenhoch angießen. Mit einer zweiten Lage Alufolie sehr gut abdecken und je nach Größe 45 Minuten bis 1 Stunde backen. Wenn nötig, noch etwas Flüssigkeit nachgießen. Rote Bete etwas abkühlen lassen und die Schale abreiben. In Spalten oder mundgerechte Stücke schneiden und mit Sojasauce, Balsamico, Olivenöl, etwas Thymian, Piment und der Orangenschale und dem -saft marinieren.

Für den gebackenen Ricotta Backofen erneut auf 180 °C vorheizen. Thymianblättchen fein hacken und mit allen anderen Zutaten vermengen. In eine leicht geölte Kastenform oder in Muffinförmchen füllen und 20 Minuten backen.

Orange oder Grapefruit mit dem Messer großzügig schälen, vorsichtig die Filets herausschneiden. Den Saft dabei auffangen. Pistazien schälen und grob hacken. Zutaten für das Dressing in ein sauberes Schraubdeckelglas geben, verschließen, gut durchschütteln und abschmecken. Salat putzen, waschen und abtropfen lassen.

Wenn die Gäste da sind: Salat, Pistazien, Rote Bete und Orangen mit dem Dressing vermengen und auf Tellern oder in Schälchen anrichten. Ricotta aus den Förmchen stürzen oder mithilfe eines Löffels Portionen ausstechen und auf dem Salat anrichten.

Fenchel-Sternanis-Suppe mit Safranbrot

Die ganz edle unter meinen Suppen bekommt durch Sternanis und Pernod eine weihnachtliche Note und wird von saftigem Safranbrot begleitet.

Vorbereiten: Fenchel waschen, Fenchelgrün beiseitelegen. 1–2 grüne Stiele abschneiden und in ganz feine Röllchen schneiden. Fenchelknollen halbieren und den Strunk entfernen. Fenchel in 1 Zentimeter große Stücke schneiden. Schalotten schälen, längs halbieren und grob würfeln. Sellerie schälen und in etwa 1 Zentimeter große Würfel schneiden.

3 Esslöffel Olivenöl in einem großen Topf erhitzen. Die Fenchelstücke mit den Schalotten und dem Sellerie 3 Minuten anbraten. Thymian, Lorbeerblatt, Sternanis, Fenchel- und Koriandersamen in einen Teefilter geben und zusammen mit Orangenschale zum Gemüse geben. Mit Weißwein ablöschen, der Brühe und dem Orangensaft aufgießen und zugedeckt bei mittlerer Hitze 20 Minuten leise köcheln lassen. Teefilter aus der Suppe entfernen. Suppe in 2–3 Portionen fein pürieren, durch ein grobes Sieb in einen Topf passieren und kurz aufkochen. Mit Salz, Pfeffer und Pernod abschmecken, mit etwas Sahne oder Milch nach Belieben verfeinern.

Für das Brot den Backofen auf 180 °C vorheizen. Mehl, Salz und Backpulver vermischen. In einer Schüssel Öl, Buttermilch, Safran, Eier und abgeriebene Orangenschale leicht aufschlagen. Mehlmischung untermengen und glatt rühren. Eine Kastenform mit Backpapier auskleiden. Teig in die Form füllen, glatt streichen und 25–30 Minuten goldbraun backen. Aus dem Ofen nehmen und in der Form für 10 Minuten ruhen lassen.

Wenn die Gäste da sind: Suppe in tiefen Tellern anrichten. Fenchelröllchen gleichmäßig verteilen und Suppe mit dem Fenchelgrün bestreuen. Brot dazu reichen.

Arbeitszeit: 25–30 Minuten
Schwierigkeitsgrad: leicht
Menge: 4–6 Portionen

2 Fenchelknollen
2–3 Schalotten
80 g Knollensellerie
3 EL Olivenöl
2 Thymianzweige
1 Lorbeerblatt
2 Sternanis
1 TL Fenchelsamen
1 TL Koriandersamen
½ TL abgeriebene Schale von 1 Bio-Orange
100 ml Weißwein
800 ml Gemüsebrühe
50 ml Orangensaft
Salz
frisch gemahlener schwarzer Pfeffer
4 EL Pernod
etwas Sahne oder Milch nach Bedarf

Für das Brot:
150 g Weizenmehl
1 TL Salz
2 TL Backpulver
100 ml Sonnenblumen- oder Olivenöl
125 ml Buttermilch
1 Msp Safran
2 Eier
abgeriebene Schale von 1 Bio-Orange
Butter für die Form

Fünfgängemenü: Meeresfrüchte

Vanille-Jakobsmuscheln auf Winterwurzel-Orangen-Risotto

Arbeitszeit: 25–30 Minuten
Schwierigkeitsgrad: leicht
Menge: 4–6 Portionen

- 4–6 vorbereitete Jakobsmuscheln
- 1 weiße Zwiebel
- 1 Vanilleschote
- 1 Pastinake
- 1 Petersilienwurzel
- 3 EL Butter
- Olivenöl
- 300 g Risottoreis
- 1 EL abgeriebene Schale von 1 Bio-Orange
- ½ TL Fenchelsamen
- ½ TL Safranfäden
- 1 Stück Sternanis
- 100 ml trockener Weißwein
- 1 l Geflügel- oder Gemüsebrühe
- etwas Estragon
- 100 ml Orangensaft
- 100 g Mascarpone
- 70 g Parmesan
- 1 TL Seven Secrets Mix
- Salz
- 1 Handvoll Haselnüsse
- Oliven- oder Haselnussöl zum Beträufeln

Safran, Estragon, Vanille und Jakobsmuscheln: Ich nenne es mein königliches Risotto, das ich gerne für besondere Anlässe zubereite. Ohne Jakobsmuschel eine Grande Dame unter den vegetarischen Gerichten.

Vorbereiten: Die Zwiebel schälen und in feine Würfel schneiden. Vanilleschote längs aufschlitzen. Pastinake und Petersilienwurzel schälen und würfeln. Zwiebel zusammen mit der Vanille und den Gemüsewürfeln in je 1 Esslöffel Butter und Olivenöl anschwitzen, aber nicht braun werden lassen. Risottoreis hinzufügen und 3–4 Minuten unter Rühren glasig werden lassen. Abgeriebene Orangenschale, Fenchel, Safran und Sternanis dazugeben. Mit dem Weißwein ablöschen und so lange köcheln lassen, bis die Flüssigkeit aufgenommen ist. Mit einer Schöpfkelle heiße Brühe zugeben und bei schwacher Hitze weiterrühren, bis die Flüssigkeit wieder vom Reis aufgenommen ist. Jedesmal portionsweise Brühe zugeben, wenn die Flüssigkeit aufgenommen ist, dabei häufig rühren. Den Reis etwa 15 Minuten bissfest kochen. Estragon in das Risotto rühren. Dann das Risotto bis zur Weiterverarbeitung beiseitestellen, bei längerer Lagerung im Kühlschrank. Parmesan reiben, Haselnüsse hacken.

Wenn die Gäste da sind: 1 EL Butter in einer Pfanne schmelzen, Risotto zugeben, wieder Brühe zufügen und Risotto noch etwa 5 Minuten weich kochen. Mascarpone und Parmesan unter das Risotto rühren und abschmecken. Backofen auf 150 °C vorheizen. Die Jakobsmuscheln mit Seven Secrets Mix bestreuen und mit 1 Teelöffel Olivenöl marinieren. Etwa 30 Sekunden in Olivenöl auf beiden Seiten anbraten. 1 Esslöffel Butter in die Pfanne geben und die Muscheln im Backofen 2–3 Minuten fertig garen. Mit etwas Salz würzen, auf dem Risotto anrichten und mit gehackten Haselnüssen bestreuen und einige Tropfen Oliven- oder Haselnussöl darüber tröpfeln.

Mein Tipp:

Durch den Eischnee wird das Sorbet cremiger und besonders luftig. Sie können das Eiweiß aber auch weglassen und die Zucker-Kiwi-Mischung sofort einfrieren.

Kiwi-Limetten-Sorbet

Ein Sorbet als Zwischengang ist eine erfrischende Abwechslung für den Gaumen, regt den Appetit an und entspannt den Magen. Es gibt unzählige Variationen für ein Sorbet. Probieren Sie je nach Jahreszeit und Saison aus, welches Obst oder Gemüse am besten schmeckt. Schöne Variationen sind auch Folgende: Zitrone und Wodka, Apfel und Grüntee, Grapefruit und Campari, Erdbeeren und Estragon, Avocado und Limette, Tomate und Balsamico, Gurke und Wasabi.

Arbeitszeit: 10–15 Minuten
Schwierigkeitsgrad: leicht
Menge: 6–8 Portionen

2 Blatt Gelatine
200 g Zucker
Saft und abgeriebene Schale von 1 Bio-Limette
6–7 Kiwis
2 Eiweiß
1 Prise Salz

Vorbereiten: Gelatine in kaltem Wasser einweichen. Zucker mit 200 ml Wasser aufkochen und leise köcheln lassen, bis sich der Zucker aufgelöst hat. Limettenschale zugeben und 3 Minuten leise köcheln lassen, dann den Limettensaft zugeben. Gelatine vollständig im Limetten-Zucker-Gemisch auflösen und abkühlen lassen. Kiwis schälen, vierteln und zusammen mit dem Limetten-Zucker-Gemisch pürieren. Eiweiß mit Salz zu steifem Schnee schlagen und unter die Limetten-Kiwi-Mischung heben. Sorbet im Tiefkühlfach frieren.

20 Minuten vorher: Sorbet aus dem Tiefkühlfach nehmen und in den Kühlschrank stellen.

Wenn die Gäste da sind: Pro Person eine Kugel servieren.

Mein Tipp:

Die Rehfilets können schon am Vortag oder einige Stunden vor dem Braten in der Gewürzmischung gewendet werden.

Rehfilet mit Arabica Rub auf Pastinakenpüree & Rosenkohl

Arbeitszeit: 20–25 Minuten
Schwierigkeitsgrad: mittel
Menge: 4–6 Portionen

- 4–6 Rehfilets (à 160–180 g)
- 3 EL Arabica Rub
- Olivenöl zum Braten
- 1 Knoblauchzehe
- 3 Thymianzweige
- 1 EL Butter

Für das Püree:

- 500 g mehlig kochende Kartoffeln
- Salz
- 500 g Pastinaken
- 2–3 EL Butter
- Saft und ½ TL abgeriebene Schale von 1 Bio-Orange
- frisch gemahlener schwarzer Pfeffer
- frisch geriebene Muskatnuss

Für den Rosenkohl:

- 250 g Rosenkohl
- Salz
- ½ TL Zucker
- 3 EL Butter
- 1 EL Olivenöl
- abgeriebene Schale von 1 Bio-Zitrone
- frisch gemahlener schwarzer Pfeffer

Arabica Rub – eine Gewürzmischung mit Kaffee, der das leichte Karamellaroma, das beim Braten von Fleisch entsteht, ausgleicht und unterstützt. Passt ebenfalls perfekt zu Rinderfilet oder auch zu Lachs.

Vorbereiten: Die Rehfilets möglichst 1 Stunde vor dem Braten aus dem Kühlschrank nehmen. Im Arabica Rub wenden und beiseitestellen. Kartoffeln für das Püree schälen und würfeln. In kochendem Salzwasser je nach Größe 10–20 Minuten weich kochen und durch eine Kartoffelpresse drücken. Pastinaken schälen und würfeln. Butter schmelzen und Pastinaken darin einige Minuten andünsten, ohne dass sie viel Farbe annehmen. Orangenschale und -saft dazugeben. Mit 100 ml Wasser aufgießen und zugedeckt etwa 15 Minuten weich schmoren. Pürieren und unter die Kartoffeln heben. Mit Salz, Pfeffer und Muskatnuss abschmecken.

Wasser mit je ½ TL Salz und Zucker erhitzen. Rosenkohl waschen, je nach Größe 5–10 Minuten kochen und mit kaltem Wasser abschrecken. Dann halbieren oder die einzelnen Blätter ablösen. Butter und Olivenöl in einer Pfanne erhitzen und Rosenkohl darin schwenken. Mit etwas abgeriebener Zitronenschale, Salz und Pfeffer würzen.

15 Minuten vorher: Backofen auf 150 °C vorheizen. Eine Pfanne erhitzen, Olivenöl hinzufügen und das Rehfilet zusammen mit der angedrückten Knoblauchzehe und dem Thymian auf beiden Seiten etwa 2 Minuten braten. Aus der Pfanne nehmen und mit der Butter in Alufolie wickeln. Im Ofen 8–12 Minuten garen. Püree und Rosenkohl aufwärmen.

Wenn die Gäste da sind: Filet mit dem Pastinakenpüree und dem Rosenkohl servieren.

Dreimal Tarte

Drei Tartes-Füllungen, eine leckerer als die andere, stehen hier zur Auswahl. Für welche Sie sich entscheiden, bleibt Ihnen natürlich überlassen. Wenn Sie gleich mehrere ausprobieren wollen, dann reduzieren Sie die Zutaten für die Füllungen entsprechend.

Arbeitszeit: 20–30 Minuten
Schwierigkeitsgrad: leicht
Menge: eine Tarte

Für den Teig:
200 g Weizenmehl
100 g Butter, 1 Ei, 1 Prise Salz

Für Maronen-Schoko-Füllung:
150 g Butter
200 g Zartbitterschokolade (mind. 70%)
2 Eier, 3 Eigelb, 45 g Zucker, ½ TL Zimt
½ TL Gewürznelkenpulver
80 g geröstete Maronen (siehe S. 187)

Für Schokoladen-Pinienkern-Füllung:
½ Vanilleschote
2 Eier, 1 Prise Salz
200 g Zucker, 85 g Butter
½ TL Rum
60 g Weizenmehl
150 g Schokoladentropfen
200 g Pinienkerne

Für Mandel-Quitten-Füllung:
2 Quitten
1 l Birnen- oder Apfelsaft
30 g Butter, ½ Vanilleschote
2 Eier, 130 g Zucker
½ TL Mandelextrakt
200 g gemahlene Mandeln
2 EL Rum
½ TL abgeriebene Schale von 1 Bio-Zitrone
1 Prise Salz
40 g Quitten- oder Apfelkonfitüre

Vorbereiten: Für den Teig alle Zutaten glatt verkneten. Eine Tarteform damit auskleiden und für 20 Minuten im Kühlschrank kalt stellen.

Backofen auf 180 °C vorheizen. Die gekühlte Tarte mit Backpapier auslegen und mit Hülsenfrüchten beschweren. Etwa 17 Minuten blindbacken.

Für die Maronen-Schoko-Füllung Butter und Schokolade bei schwacher Hitze schmelzen lassen. Eier und Eigelb mit einer Prise Salz und Zucker schaumig schlagen, Gewürze dazugeben und die Schokoladen-Butter-Mischung unterrühren. Die Maronen auf dem Tarteboden verteilen. Schokoladencreme darübergeben und 5 Minuten fertig backen. Mindestens 2 Stunden abkühlen lassen, aber nicht in den Kühlschrank stellen.

Für die Schokoladen-Pinienkern-Füllung Vanilleschote längs aufschlitzen und das Mark auskratzen. Eier mit Salz und Zucker schaumig rühren, Butter schmelzen und zusammen mit Rum und Vanille unterrühren. Zum Schluss das Mehl unterheben. Schokoladentropfen auf den Teig geben, Masse darüber verteilen und mit den Pinienkernen bestreuen. 30 Minuten backen.

Für die Mandel-Quitten-Füllung Quitten waschen, Flaum abreiben, Früchte vierteln und Kerne entfernen. Quitten in Birnen- oder Apfelsaft etwa 10 Minuten sanft köcheln, bis sie weich sind. Aus dem Sud nehmen, abkühlen lassen und in etwa 1–2 cm dünne Spalten schneiden. Butter in einem Topf langsam schmelzen und etwa 5 Minuten leicht braun werden lassen. Etwas abkühlen lassen. Vanilleschote längs aufschlitzen und das Mark auskratzen. Mit Eiern, Zucker und Mandelextrakt 3 Minuten aufschlagen. Dann Mandeln, Rum, abgeriebene Zitronenschale, Salz und Butter einrühren. Die Mandelmasse auf dem Tarteboden verteilen und mit den Quittenspalten belegen. 40–45 Minuten auf mittlerer Schiene backen. Marmelade in einem kleinen Topf erwärmen, bis sie flüssig ist und die noch warme Tarte mit der Marmelade bestreichen.

Wenn die Gäste da sind: Tarte aufschneiden und servieren.

Mein Tipp:

Das Dressing passt zu fast jedem Salat, kann demnach in größeren Mengen hergestellt werden und ist in einer Glasflasche oder einem Glas im Kühlschrank zwei bis drei Wochen haltbar.

Dreigängemenü: Vorspeise

Waldorfsalat mit Birnen im Speckmantel

Arbeitszeit: 30 Minuten
Schwierigkeitgrad: leicht
Menge: 4–6 Portionen

2–3 feste Birnen
Saft von 1 Bio-Zitrone
einige Rosmarinzweige
80–100 g Prosciutto- oder Bauchspeckscheiben
1 Kopf Friséesalat
100 g Walnüsse, Haselnüsse, Pinienkerne oder Nüsse nach Wahl
4 Stangen Sellerie
¼ Knolle Sellerie
200 g Dolce latte oder anderer Blauschimmelkäse
Olivenöl zum Braten und zum Beträufeln

Für das Dressing:
1 EL Dijonsenf
4 EL Himbeer- oder Rotweinessig
4 EL Apfel- oder Birnensaft
8 EL Olivenöl
4 EL Walnuss- oder Haselnussöl
Saft und 1 TL abgeriebene Schale von 1 Bio-Zitrone
125 g Joghurt
frisch gemahlener schwarzer Pfeffer

Der Waldorfsalat wurde Ende des 19. Jahrhunderts im New Yorker Hotel Waldorf kreiert – meine Version ist eine Abwandlung des Klassikers.

Vorbereiten: Alle Zutaten für das Dressing in ein sauberes Schraubdeckelglas geben, Glas verschließen, gut durchschütteln und Dressing abschmecken.

3 Stunden vorher: Birnen waschen, vierteln und entkernen. Mit etwas Zitronensaft beträufeln. Jeweils einen Rosmarinzweig auf ein Birnenviertel legen und mit einer Scheibe Speck umwickeln. Salat waschen und trocken schleudern. Backofen auf 170 °C vorheizen. Nüsse im Backofen 5–10 Minuten gleichmäßig rösten, bis sie duften. Sellerie schälen. Stangensellerie in dünne Rauten, Knollensellerie in feine Streifen schneiden. Beides mit etwas Dressing marinieren. Salat in mundgerechte Stücke zupfen.

Wenn die Gäste da sind: Die Birnen im Speckmantel in etwas Olivenöl auf beiden Seiten je ca. 1 Minute knusprig braten. In der Zwischenzeit den Salat und den marinierten Sellerie auf Tellern anrichten. Die Nüsse und den Dolce latte darübergeben und mit den gebratenen Birnen garnieren. Eventuell mit etwas Olivenöl beträufeln.

Mein Tipp:
Dazu passen Polenta (siehe Seite 186), Stampfkartoffeln oder Kartoffelpüree. Der Sud kann auch schon am Vortag zubereitet werden. Das Dünsten des Fisches dauert dann nur noch ein paar Minuten.

Dreigängemenü: Hauptspeise

Pochiertes Wallerfilet im Wurzelgemüsesud

Im Fond oder Sud zu pochieren ist für mich immer noch die schönste und leichteste Zubereitung für Fisch, die ihn außerdem noch schön saftig und aromatisch macht. Die Aromen des Wurzelgemüses werden vom Fisch aufgenommen und würzen ihn somit.

Arbeitszeit: 30 Minuten
Schwierigkeitsgrad: leicht
Menge: 4–6 Portionen

- 4 küchenfertige Wallerfilets (à 150 g)
- 250 g Wurzelgemüse (z. B. Sellerie, Karotten, Fenchel, Petersilienwurzeln, Pastinaken)
- 1 dünne Stange Lauch
- 1 Knoblauchzehe
- 1 Schalotte
- Salz
- 1–2 TL Olivenöl
- 1 TL Fenchelsamen
- ½ TL Koriandersamen
- 2 Wacholderbeeren
- 1 TL Senfkörner
- 2 Thymianzweige
- 1 TL abgeriebene Schale von 1 Bio-Zitrone
- 1 Schuss Weißwein
- 125 ml Gemüsebrühe oder Fischfond
- 1 EL gehackte Petersilie
- frisch gemahlener schwarzer Pfeffer
- frisch geriebene Muskatnuss
- 1 EL kalte Butter
- 1 Stück frische Meerrettichwurzel
- Kürbiskernöl zum Beträufeln

Vorbereiten: Das Wurzelgemüse schälen und klein würfeln. Den Lauch putzen, waschen, das Lauchgrün entfernen und vier schöne Lauchblätter beiseitelegen. Den Rest der Lauchstangen in ½–1 Zentimeter breite Streifen schneiden. Knoblauch und Schalotte schälen und fein hacken. Die vier beiseitegelegten Lauchblätter in Salzwasser zwei Minuten bissfest blanchieren, mit kaltem Wasser abschrecken und auf einem Sieb abtropfen lassen. Die Schalottenwürfel, den Knoblauch und das Gemüse in einer tiefen Pfanne mit dem Olivenöl bei milder Hitze ca. 5 Minuten anschwitzen. Fenchel- und Koriandersamen, Wacholderbeeren, Senfkörner, Tymianblättchen und abgeriebene Zitronenschale dazugeben und ebenfalls 5 Minuten anschwitzen, bis die Senfkörner zu springen beginnen. Mit einem Schuss Weißwein ablöschen und die Brühe bzw. den Fond aufgießen. Das Gemüse 5–10 Minuten bissfest garen, die Petersilie hinzufügen, mit Salz, Pfeffer und Muskatnuss würzen. Zum Schluss die kalte Butter in den Fond rühren.

Bis zu 3 Stunden vorher: Jedes Wallerfilet mit je einem der blanchierten Lauchblätter umwickeln.

Wenn die Gäste da sind: Den Waller auf das Gemüse legen und zugedeckt bei schwacher Hitze etwa 7 Minuten saftig dünsten. Salzen, pfeffern und zusammen mit dem Wurzelgemüsesud anrichten. Die Meerrettichwurzel darüberreiben und mit Kürbiskernöl beträufeln.

Mein Tipp:

Kuchen schon am Vortag zubereiten. So hat der Sirup Zeit, gut in den Kuchen einzuziehen.

Arbeitszeit: 10–15 Minuten
Schwierigkeitsgrad: leicht
Menge: ein Kuchen

- 4 Eier
- 200 g Zucker
- 120 g Butter
- 400 g Joghurt (mind. 3,8% Fett)
- abgeriebene Schale von 3 Bio-Orangen
- abgeriebene Schale von 3 Bio-Zitronen
- 200 g Mandelblättchen
- 350 g Grieß
- 1 Päckchen Backpulver
- etwas griechischer Joghurt zum Garnieren

Für den Sirup:

- 125 ml Weißwein
- 200 ml Orangensaft
- 100 ml Zitronensaft
- 150 g Zucker
- ½ Vanilleschote
- abgeriebene Schale von ½ der ausgepressten Zitrusfrüchte

Dreigängemenü: Dessert

Joghurt-Grieß-Kuchen mit Zitrussirup

Ein wunderbar saftiger Kuchen, der durch Grieß und Mandeln etwas Biss bekommt. Durch den Sirup ist der Kuchen nach ein paar Tagen immer noch schön saftig, deshalb eignet er sich besonders gut zum Vorbereiten.

Vorbereiten: Backofen auf 180 °C vorheizen. Eier und Zucker zusammen sehr schaumig rühren. Butter schmelzen und mit Joghurt sowie der Hälfte der abgeriebenen Zitrusschalen in die Butter-Zucker-Mischung rühren. Mandelblättchen in einer trockenen Pfanne einige Minuten rösten, bis sie zu duften beginnen. Grieß, Backpulver und geröstete Mandelblättchen unter die Joghurtmasse heben. Etwa 35 Minuten backen.

Für den Sirup alle Zutaten zusammen aufkochen und abkühlen lassen. Vanilleschote entfernen. Mit einem Spieß oder einer Stricknadel Löcher in den gebackenen Kuchen stechen, den Sirup darübergießen und einziehen lassen.

Wenn die Gäste da sind: Kuchen mit griechischem Joghurt anrichten.

Mein Tipp:

Suppen können schon mehrere Tage im Voraus zubereitet werden und eignen sich daher hervorragend zum Vorbereiten. Auch die Nockerlnmasse kann einen Tag oder einige Stunden vorher zubereitet werden.

Rote-Bete-Ingwer-Suppe mit Apfel-Meerrettich-Nockerln

Das erdige Aroma der Roten Bete verbindet sich hervorragend mit der süßsäuerlichen Frische von Äpfeln und der leichten Schärfe von Ingwer. Mit Meerrettich werden die flaumigen Grießnockerln zu einer ganz besonderen Delikatesse!

Arbeitszeit: etwa 30 Minuten
Schwierigkeitsgrad: leicht
Menge: 4–6 Portionen

- 2 Schalotten
- 1 Knoblauchzehe
- 1 EL Butter
- 1 kg Rote Bete
- 2 Äpfel
- 1 Stück Ingwer (ca. 3 cm)
- 2 Pimentkörner
- 1 Lorbeerblatt
- 2 Thymianzweige
- je ½ TL Fenchel-, Koriander- und Kreuzkümmelsamen
- 1 Schuss Weißwein
- 1 l Gemüsebrühe oder Wasser
- 1 TL abgeriebene Schale von 1 Bio-Orange
- 2 EL Balsamicoessig
- Salz
- frisch gemahlener schwarzer Pfeffer

Für die Nockerln:

- 250 ml Milch
- 50 g Butter
- je 1 gute Prise Salz, Pfeffer und Muskatnuss
- 100 g Grieß, 2 Eier
- 3 EL frisch geriebener Meerrettich

Vorbereiten: Für die Suppe Schalotten und Knoblauch schälen und fein hacken. Butter in einem Topf schmelzen und Schalotten und Knoblauch darin 5–8 Minuten glasig anbraten. Rote Bete schälen und in Würfel schneiden. Äpfel schälen, Kerngehäuse entfernen und ebenfalls in Würfel schneiden. Ingwer fein reiben und mit Roter Bete, Äpfeln, Kräutern und Gewürzen zu den Schalotten geben. Mit dem Weißwein ablöschen und einige Minuten reduzieren lassen. Brühe aufgießen und die Rote Bete 20–25 Minuten weich kochen. Thymianzweige und Lorbeerblatt entfernen. Orangenschale und Balsamico zur Suppe geben und die Suppe pürieren. Mit Salz und Pfeffer abschmecken.

Für die Nockerln Milch mit Butter aufkochen und mit Salz, Pfeffer und Muskatnuss würzen. Grieß einstreuen, unterrühren und die Masse erkalten lassen. Dann die Eier gründlich unterrühren (dies kann zu Beginn etwas mühsam sein, aber nicht verzweifeln!) und 10 Minuten stehen lassen.

20–30 Minuten vorher: Mit zwei Teelöffeln kleine Nockerln formen und in leicht wallendem Salzwasser 20 Minuten zugedeckt ziehen lassen. Suppe aufwärmen.

Wenn die Gäste da sind: Meerrettichnockerln in die Suppe geben und mit frisch geriebenem Meerrettich bestreuen.

Fünfgängemenü: Vorspeise

Flusskrebs-Linsen-Sülzchen mit Feldsalat

Arbeitszeit: 30 Minuten
Schwierigkeitsgrad: mittel
Menge: 6–8 Portionen

12 Blatt Gelatine
Salz
1 TL Zucker
150 g Wurzelgemüse
(z. B. Sellerie, Karotten, Fenchel, Petersilienwurzeln, Pastinaken)
50 g Belugalinsen
1 TL Estragon
2 EL Orangensaft
300 g Flusskrebse in Lake, ausgelöst
1 l Gemüse-, Hühner- oder Fischfond
160 ml Weißwein
160 ml weißer Portwein
1 Sternanis
1 TL Koriandersamen
2 Gewürznelken
½ TL abgeriebene Schale von 1 Bio-Orange
100 g Feldsalat

Für das Dressing:
100 ml Orangensaft
100 ml Weißwein oder Apfelessig
100 ml Haselnussöl
1 TL Dijonsenf
1 TL fein gehackter Estragon

Eine sehr schöne und gut vorzubereitende Vorspeise, die einen Hauch von Luxus mit sich bringt. Nussöl und Flusskrebse harmonieren bestens mit dem nussigen Geschmack von Linsen und der Süße von Orangen.

Vorbereiten: Für das Dressing alle Zutaten in ein sauberes Schraubdeckelglas geben, Glas schließen und gut durchschütteln.

Für das Sülzchen die Gelatine 5 Minuten in kaltem Wasser einweichen. 1 Liter Wasser mit je 1 Teelöffel Salz und Zucker zum Kochen bringen. Gemüse schälen, in sehr kleine Würfel schneiden (die Abschnitte für einen Gemüsefond beiseitestellen) und im kochenden Salz-Zucker-Wasser etwa 3 Minuten blanchieren. Mit einer Schaumkelle herausnehmen und in eiskaltem Wasser abschrecken. In einem Sieb gut abtropfen lassen. Linsen in Salzwasser 30 Minuten bissfest kochen. Estragon fein hacken und zusammen mit dem Orangensaft unter die abgetropften Flusskrebse mischen. Fond mit Weißwein, Portwein, Sternanis, Koriander, Nelken und abgeriebener Orangenschale 20 Minuten bei schwacher Hitze ziehen lassen. Von der Platte nehmen, die eingeweichte Gelatine im Fond auflösen. Gemüsewürfel, Flusskrebse und Linsen dazugeben, gut vermischen und abschmecken.

Kleine Gläser oder Porzellanförmchen mit kaltem Wasser ausspülen und mit dem Sülzchen füllen. Mindestens einen halben Tag, am besten aber über Nacht im Kühlschrank ziehen lassen. Feldsalat verlesen, waschen und in einem Sieb abtropfen lassen.

Wenn die Gäste da sind: Sülzchen zum Anrichten kurz in heißes Wasser stellen und aus der Form stürzen oder ganz einfach im Glas servieren. Salat mit der Vinaigrette marinieren und mit dem Sülzchen anrichten.

Mein Tipp:

Gnocchi vorkochen, sofort kalt abschrecken und mit einigen Tropfen Olivenöl gemischt zur Seite stellen. Später mit den Äpfeln kurz schwenken oder braten.

Estragon-Gnocchi auf Apfel-Radicchio

Um das leicht Bittere des Radicchio etwas abzuschwächen, empfiehlt es sich, den Salatkopf kurz in handwarmes, gezuckertes Wasser zu legen. Zusammen mit Apfel und Käse wird aus dem oft schwierigen Gemüse eine süß-saure Kombination, die sich schmecken lassen kann.

Arbeitszeit: 30 Minuten
Schwierigkeitsgrad: leicht
Menge: 4–6 Portionen

Für die Gnocchi:

- 500 g mehlig kochende Kartoffeln
- Salz
- 150 g Butter
- 4 Eigelb
- 130 g Maisstärke
- je 1 Prise Pfeffer und Muskatnuss
- 3 EL fein gehackter Estragon
- Weizenmehl für die Arbeitsfläche

Für den Radicchio:

- 1 Apfel
- etwas Zitronensaft
- 1 Radicchio
- 2 EL Butter
- 1 TL Zucker
- 1 EL Estragon
- Salz
- frisch gemahlener schwarzer Pfeffer
- 100 g Rucola
- 100 g Bleu d'Auvergne oder anderer Blauschimmelkäse
- 100 g Walnüsse
- etwas gutes Walnuss- oder Olivenöl nach Belieben

Vorbereiten: Für die Gnocchi Kartoffeln schälen und in leicht gesalzenem Wasser 15–20 Minuten weich kochen. Gut abdämpfen lassen und noch heiß durch eine Kartoffelpresse drücken, Butter schmelzen und in die Kartoffelmasse einarbeiten, dann Eigelbe, Maisstärke, Pfeffer, Muskatnuss und Estragon unterrühren. Alles zu einem glatten, geschmeidigen Teig verarbeiten, aber nicht zu lange, damit die Gnocchi nicht zäh werden. Den Teig auf einer mit Mehl bestäubten Arbeitsfläche zu Strängen mit etwa 1 Zentimeter Durchmesser ausrollen und etwa 2 Zentimeter lange Stücke abschneiden. Daraus Kugeln formen und über einen Gabelrücken wälzen, dadurch entstehen die typischen Rillen und kleinen Mulden. Reichlich Salzwasser zum Kochen bringen. Gnocchi kurz darin aufkochen, dann sofort die Hitze reduzieren und die Gnocchi zugedeckt für 5 Minuten ziehen lassen. Mit einer Schaumkelle herausnehmen.

2–3 Stunden vorher: Für den Apfel-Walnuss-Radicchio den Apfel schälen, Kerngehäuse entfernen und Fruchtfleisch in kleine Würfel schneiden. Bis zur weiteren Verwendung in etwas Zitronenwasser legen, damit die Äpfel nicht braun werden. Radicchio waschen und in dünne Streifen schneiden.

Wenn die Gäste da sind: Butter schmelzen und Apfelwürfel darin gut anbraten. Mit dem Zucker 1 Minute karamellisieren und durchschwenken. Mit Estragon, Salz und Pfeffer würzen. (Vorgekochte Gnocchi jetzt dazugeben, siehe Tipp.) Nun Radicchio dazugeben und nur ganz kurz in der Pfanne zusammenfallen lassen, damit nicht zu viel Farbe verloren geht. Anschließend frisch gekochte Gnocchi zugeben und durchschwenken. Den Radicchio auf Teller verteilen, jeweils eine Handvoll Rucola danebensetzen, mit dem Käse und den Walnüssen bestreuen. Zum Schluss eventuell noch etwas gutes Walnuss- oder Olivenöl darüberträufeln.

Mein Tipp:

Ein Ragout schmeckt viel besser, wenn es am Vortag zubereitet wurde. Die Kartoffeln können schon am Vortag durch die Kartoffelpresse gedrückt werden.

Biergeschmortes Rind mit Kartoffel-Senf-Püree

Arbeitszeit: 30–40 Minuten
Schwierigkeitsgrad: leicht
Menge: 4–6 Portionen

800 g Rindfleisch (Schulter, Unterschale, Wade) in 3–4 cm großen Würfeln
200 g Schalotten, 2 große Zwiebeln
2 EL Olivenöl, Salz
frisch gemahlener schwarzer Pfeffer
200 g Wurzelgemüse (z.B Sellerie, Karotten, Fenchel, Petersilienwurzeln, Pastinaken)
2 Knoblauchzehen
1 dünne Scheibe Ingwer
3 Thymianzweige
1 Lorbeerblatt
2 Gewürznelken
2 Pimentkörner
1 TL Koriandersamen
½ TL Fenchelblüten- oder samen
1 EL Tomatenmark
500 ml dunkles Bier
2 Karotten
30 g Butter, 1 TL Puderzucker
4–6 Scheiben Speck
200 g Champignons
etwas frische Petersilie

Für das Kartoffelpüree:
1 kg mehlig kochende Kartoffeln
150 g weiche Butter
250 ml warme Milch
2 EL süßer Senf, 1 EL Dijonsenf
frisch geriebene Muskatnuss
frisch gemahlener schwarzer Pfeffer
Salz

Fleisch in Bier zu schmoren hat eine lange Tradition. Die malzige Note des Biers verträgt sich gut mit dem angebratenen Rindfleisch und der Süße von Schalotten und Pilzen. Obendrein sorgt Bier für eine mürbe und gleichzeitig saftige Konsistenz. Schmorgerichte eigenen sich am besten für Großfamilien oder viele Gäste, da sich der Geschmack in größeren Portionen noch besser entfalten kann und sie im Handumdrehen angerichtet sind.

Vorbereiten: Fleisch 1 Stunde vor dem Braten aus dem Kühlschrank nehmen. Backofen auf 160 °C vorheizen. Schalotten 15–20 Minuten in Wasser einweichen. Olivenöl in einem Schmortopf erhitzen und das Fleisch bei mittlerer Hitze 1–2 Minuten rundherum braun anbraten, dabei nicht zu viele Fleischwürfel auf einmal hineingeben, nur gelegentlich rühren und für konstante Hitzezufuhr sorgen. Salzen, pfeffern und beiseitestellen.

Zwiebeln schälen, würfeln und im Bratenrückstand ca. 10 Minuten karamellisieren lassen. Gemüse schälen, würfeln und einige Minuten mitbraten, bis es braune Stellen bekommt. Knoblauch schälen, fein hacken, mit dem Ingwer, den Gewürzen und dem Tomatenmark in den Topf geben und eine Minute mitbraten. Nun das Fleisch wieder in den Schmortopf geben, Bier aufgießen und das Fleisch zugedeckt im Ofen 2 ½–3 Stunden knapp mit Flüssigkeit bedeckt schmoren. Bei Bedarf noch etwas Wasser oder Brühe angießen. Die Ingwerscheibe entfernen. Karotten schälen und vierteln. In der letzten halben Stunde dazugeben und mitschmoren. In der Zwischenzeit Schalotten schälen und mit Butter in einer Pfanne 10–15 Minuten anbraten, bis sie braun sind. Mit Puderzucker karamellisieren, 200 ml Wasser angießen, zugedeckt weich garen und beiseitestellen. Speck würfeln, in derselben Pfanne auslassen, knusprig braten und zu den Schalotten geben. Champignons säubern und vierteln. In der Speckpfanne einige Minuten anrösten, salzen und pfeffern. Schalotten, Speck und Champignons zum fertig geschmorten Ragout geben.

2–3 Stunden vorher: Kartoffeln 15–20 Minuten in leicht gesalzenem Wasser kochen, Wasser abgießen, Kartoffeln durch eine Kartoffelpresse drücken und sofort mit einem Schneebesen Butter und etwas warme Milch unterrühren. Nach und nach die restliche Milch und den Senf einrühren. Mit Muskatnuss, Salz und Pfeffer abschmecken.

Wenn die Gäste da sind: Petersilie hacken, Kartoffelpüree und Ragout aufwärmen und das Ragout mit Petersilie bestreut zum Kartoffelpüree servieren.

Fünfgängemenü: Dessert

Orangen-Kürbiskern-Gugelhupf mit Kernöleiscreme

Ein orange-grüner Marmor-Gugelhupf, der von einem nussig-cremigen Eis begleitet wird. Probieren Sie statt der Kombination Orange und Kürbiskern auch Zitrone und Mandel oder Mohn und Zwetschge.

Vorbereiten: Für das Eis Zucker und aufgeschnittene Vanilleschote mit 100 ml Wasser etwa 10 Minuten zu einem Sirup kochen. Er hat die richtige Konsistenz, wenn einige mit einer Gabel auf einen Teller getropfte Siruptröpfchen Fäden ziehen. Den Sirup etwas abkühlen lassen. Sahne in der Küchenmaschine cremig, aber nicht zu fest schlagen und kalt stellen. Eier trennen, Eiweiß mit Salz steif schlagen und kalt stellen. Eigelbe schlagen und langsam den etwas abgekühlten Sirup einfließen lassen. Etwa 10 Minuten in der Küchenmaschine rühren. Dann das Kürbiskernöl in dünnem Strahl hineinfließen lassen und weitere 5 Minuten rühren, bis sich das Volumen verdoppelt hat. Zum Schluss geschlagene Sahne und Eiweiß unter die Eigelbmasse ziehen und die Masse im Tiefkühlfach gut durchfrieren lassen.

Für den Gugelhupf Backofen auf 180 °C vorheizen. Vanilleschote längs aufschlitzen und das Mark herauskratzen. Mit Butter, Zucker und Salz in der Küchenmaschine cremig rühren. Nach und nach die Eier einrühren. Dann abwechselnd das mit Backpulver vermischte Mehl und die Milch unterrühren. Kürbiskerne mahlen. Teig halbieren, unter die eine Hälfte Kürbiskernöl und gemahlene Kürbiskerne mischen, unter die andere den Orangenlikör und die Orangenschale. Teigmassen abwechselnd in eine Gugelhupfform füllen und mit einem Löffelstil ein bis zwei Mal kreisförmig durch den Teig ziehen. 40–45 Minuten backen.

1 Stunde vorher: Eis aus dem Gefrierfach nehmen und im Kühlschrank weich werden lassen.

Wenn die Gäste da sind: Gugelhupf mit Puderzucker bestreuen und zusammen mit dem Eis servieren.

Arbeitszeit: 20–25 Minuten
Schwierigkeitsgrad: leicht
Menge: ein großer oder 8–10 kleine Gugelhupfe

½ Vanilleschote
300 g Butter
250 g Zucker
1 Prise Salz
6 Eier
550 g Mehl
4 TL Backpulver
200 ml Milch
60 g Kürbiskerne
5 EL Kürbiskernöl
3 EL Orangenlikör
1 EL abgeriebene Schale von 1 Bio-Orange
Puderzucker zum Bestreuen

Für das Eis:
120 g Zucker
1 Vanilleschote
200 g Sahne
3 Eier
1 Prise Salz
100 ml Kürbiskernöl

Mein Tipp:

Mit Cornbread, Tortillas oder einem frischen Salat servieren.

Arbeitszeit: 10–15 Minuten
Schwierigkeitsgrad: leicht
Menge: 4–6 Portionen

- 200 g schwarze Bohnen
- 150 g Sauerrahm plus 4-6 TL zum Garnieren
- Salz
- frisch gemahlener schwarzer Pfeffer
- 2–3 TL Saft und ½ TL abgeriebene Schale von 1 Limette
- 2 EL Olivenöl
- 1 Zwiebel
- 2 Stangen Sellerie
- 2 Karotten
- 1 kleines Bund Koriander
- 1 Chilischote
- 1 Knoblauchzehe
- je 1 TL Kreuzkümmel-, Koriander- und Fenchelsamen
- einige Thymianzweige
- 1 Lorbeerblatt
- 1 EL Tomatenmark
- 100 ml trockener Weißwein
- 1 l Brühe oder Wasser
- 250 ml Tomatenpassata (oder frische Tomaten)

Dreigängemenü: Suppe

Schwarze Bohnensuppe mit Sauerrahm & Koriander

Eine sehr gehaltvolle Suppe, die garantiert jede Wintermelancholie vertreibt.

Vorbereiten: Bohnen über Nacht in kaltem Wasser einweichen. Sauerrahm mit Salz, Pfeffer, abgeriebener Limettenschale und dem Limettensaft verrühren. Olivenöl in einem Topf erhitzen. Zwiebel schälen, fein würfeln und darin ca. 5 Minuten glasig anbraten. Karotten und Sellerie schälen, zerkleinern und zu den Zwiebeln geben. Korianderblättchen von den Stängeln zupfen. Chilischote von den Samen und Scheidewänden befreien und Knoblauch fein hacken. Chili und Knoblauch mit einigen Korianderstängeln, Gewürzen und Tomatenmark zu den Zwiebeln geben und weitere 5 Minuten kräftig mitbraten. Mit dem Weißwein ablöschen und mit Brühe oder Wasser sowie der Tomatenpassata aufgießen. Bohnen abseihen und zur Suppe geben. Mit Salz und Pfeffer würzen. 30–40 Minuten im offenen Topf sanft köcheln. Thymianzweige entfernen und die Suppe fein pürieren. Je nach gewünschter Konsistenz noch etwas Wasser oder Brühe hinzufügen.

Wenn die Gäste da sind: Korianderblättchen fein hacken. Suppe aufwärmen, in Tellern anrichten, mit Sauerrahm und Koriander garnieren.

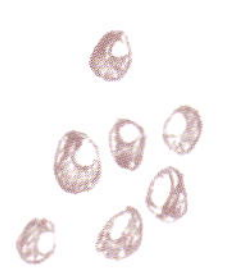

Mein Tipp:
Die fertig geformten Knödel können ohne Weiteres in einer mit Mehl ausgestäubten Form nebeneinander eingefroren werden. Wieder auftgetaut brauchen sie 5–10 Minuten länger im Wasser.

Topfenknödel mit Ziegenkäsekern auf Caponata

Auf diese pikante Topfenknödel-Variante, die in einen Kräutermantel eingehüllt und auf feiner Caponata gebettet ist, sollten Schleckermäuler nicht verzichten. Der Ziegenkäse kann ohne Weiteres durch andere Käsesorten ersetzt werden. Oder probieren Sie statt Käse eine Füllung aus Oliven, sonnengetrockneten Tomaten oder Maronen! Topfenknödel pur schmecken natürlich genauso gut.

Arbeitszeit: 20–30 Minuten
Schwierigkeitsgrad: mittel
Menge: 4–6 Portionen

250 g Quark
2 EL Grieß plus etwas Grieß für den Teller
2 EL Semmelbrösel, 2 EL Öl, 1 Ei
etwas abgeriebene Schale von 1 Bio-Zitrone
1 Prise Salz
200 g Ziegenfrischkäse, Brie oder Feta

Für die Kräuterbrösel:
3 EL Butter
100 g Semmelbrösel
1–2 EL Kräuter nach Belieben

Für die Caponata:
1 Zwiebel, 2 Knoblauchzehen
je 1 rote und gelbe Paprika
1 Zucchini, 1 Aubergine
3 EL Olivenöl plus etwas Öl zum Braten
je 2 Thymian- und Rosmarinzweige
Salz und Pfeffer
1 Handvoll schwarze Oliven
5 getrocknete, in Öl eingelegte Tomaten
30 g Kapern aus dem Glas
250 g Tomatenwürfel aus dem Glas (oder frische Tomaten)
1 Schuss Balsamico
½ TL abgeriebene Schale von 1 Bio-Orange
1 kleines Bund Petersilie

Zum Garnieren:
frische Kräuter
frisch geriebener Parmesan

Vorbereiten: Für die Carponata Zwiebel halbieren, schälen und in kleine Würfel schneiden, Knoblauchzehen schälen, flach drücken und fein hacken. Paprika entkernen und in Würfel schneiden. Zucchini und Aubergine würfeln. Zwiebeln mit Knoblauchzehen in etwas Olivenöl in einer Pfanne bei schwacher Hitze 5–10 Minuten glasig braten, herausnehmen und beiseite stellen. Dann jede Gemüsesorte einzeln in etwas Olivenöl bei starker Hitze mit etwas Thymian, Rosmarin, Salz und Pfeffer einige Minuten scharf anbraten und zusammen mit den gebratenen Zwiebeln in einen Schmortopf geben. Oliven, getrocknete Tomaten und Kapern hacken und zufügen. Tomatenwürfel, Balsamico, drei Esslöffel Olivenöl und die Orangenschale ebenfalls hinzufügen, mit Salz und Pfeffer abschmecken und ca. 10 Minuten einkochen lassen. Petersilie fein hacken und zum Schluss unter die Caponata mischen.

Für die Quarkknödel alle Zutaten bis auf den Grieß für den Teller mit einem Holzlöffel vermengen und 10 Minuten kalt stellen. Aus dem Teig kleine Bällchen formen und mit den Händen flach drücken. Je ein Stück Käse in die Mitte setzen und den Teig darum schließen. Kleine Knödel formen und bis zur weiteren Verwendung auf einen mit Grieß ausgestreuten Teller legen.

Für die Kräuterbrösel die Butter in einer Pfanne schmelzen lassen, die Semmelbrösel hinzufügen und langsam 5–8 Minuten knusprig braun werden lassen. 1–2 Esslöffel frisch gehackte Kräuter daruntermischen.

Eine halbe Stunde vorher: Die Knödel vorsichtig in leicht kochendes Salzwasser gleiten lassen und zugedeckt etwa 10 Minuten ziehen lassen. Sie können bis zu 30 Minuten im Wasser ziehen.

Wenn die Gäste da sind: Caponata aufwärmen. Die fertigen Knödel in den Kräuterbröseln wälzen. Knödel auf der Caponata anrichten, mit frischen Kräutern und Parmesan garnieren.

Dreigängemenü: Dessert

Gratinierte Honig-Tee-Creme

Arbeitszeit: 10–15 Minuten
Schwierigkeitsgrad: leicht
Menge: 4–6 Portionen

200 g Sahne
200 ml Milch
½ Vanilleschote
1 TL Schwarzteeblätter
50 g brauner Zucker
½ TL abgeriebene Schale von 1 Bio-Orange
4 Eigelb
Butter und Zucker für die Förmchen
1–2 TL Honig oder brauner Zucker pro Person zum Bestreuen
etwas frisch geriebene Muskatnuss

Wie eine Crème brûlée wird auch diese Eiercreme in kleinen Porzellanförmchen gebacken. Statt mit Zucker gratiniere ich die Creme mit Honig und Muskatnuss.

Vorbereiten am Vortag oder mehrere Stunden vorher: Den Ofen auf 150 °C vorheizen. Sahne zusammen mit der Milch, der Vanilleschote, dem Tee und der Hälfte des Zuckers aufkochen lassen. Vom Herd nehmen und im geschlossenen Topf etwa 15 Minuten ziehen lassen. Die Eigelbe zusammen mit dem restlichen Zucker und der abgeriebenen Orangenschale gut verrühren, aber nicht schaumig schlagen. Die heiße Milch-Sahne-Mischung langsam in die Eigelbe rühren, durch ein feines Sieb abseihen und in feuerfeste Schälchen mit je etwa 100 ml Fassungsvermögen füllen. Die Schälchen in die Fettpfanne stellen und in den Ofen schieben. So viel heißes Wasser in die Fettpfanne gießen, dass die Schälchen zu einem Drittel im Wasser stehen. Die Creme 40–50 Minuten im Ofen stocken lassen, dabei spätestens nach einer halben Stunde hin und wieder die Konsistenz prüfen. Aus dem Wasserbad nehmen und mindestens 4 Stunden, am besten über Nacht, im Kühlschrank abkühlen lassen.

Wenn die Gäste da sind: Die Grillfunktion des Backofens einstellen. Die Creme gleichmäßig mit Honig oder braunem Zucker und Muskatnuss bestreuen und sofort auf der obersten Einschubleiste unter dem Grill goldbraun karamellisieren.

Fünfgängemenü: Suppe

Aquacotta oder Pilzsuppe unter der Blätterteighaube

Die üppige Version eines ursprünglich sehr kargen Mahls – früher enthielt diese Suppe nämlich nichts weiter als Brot, Öl, Käse und Wasser. Für die Blätterteigvariante kann die Suppe einige Zeit vorher in Tassen oder Schüsseln gefüllt werden, um sie dann kurz vor dem Anrichten in den Ofen schieben zu können. Ein Fest für Augen und Seele!

Arbeitszeit: 20–25 Minuten
Schwierigkeitsgrad: leicht
Menge: 4–6 Portionen

- 30 g getrocknete Steinpilze
- 1 Zwiebel
- 2 Stangen Sellerie
- 2–3 Scheiben Speck
- 4 EL Olivenöl
- 250 g braune Champignons, Austernpilze, weiße Champignons oder Kräuterseitlinge
- 1 kleines Bund Petersilie
- 1 Knoblauchzehe
- 1 EL Thymianblättchen
- 1 Gewürznelke
- 1 Lorbeerblatt
- 100 ml trockener Weißwein
- 1 l Brühe
- Salz
- frisch gemahlener schwarzer Pfeffer

Zum Servieren:

- 8 kleine Scheiben Weißbrot oder
- 1 Packung Blätterteig
- 1 Eigelb zum Bepinseln
- 50 g frisch geriebener Parmesan
- etwas Olivenöl zum Beträufeln

Vorbereiten: Getrocknete Steinpilze für 10 Minuten in warmem Wasser einweichen, gut ausdrücken und grob hacken. Einweichwasser aufbewahren. Zwiebel schälen und würfeln, Sellerie und Speck würfeln. Das Olivenöl in einem Topf erhitzen, Zwiebeln und Sellerie einige Minuten anbraten. Frische Pilze putzen, in Scheiben schneiden, zu den Zwiebeln geben und 5–8 Minuten kräftig anbraten. Petersilienblätter abzupfen und Stängel in feine Röllchen schneiden, Blättchen fein hacken. Knoblauch schälen, fein hacken und mit Thymian, Nelke, Lorbeerblatt, den eingeweichten Steinpilzen und Petersilienstängeln zu den Pilzen in den Topf geben. Weitere 5 Minuten kräftig mitbraten. Mit dem Weißwein ablöschen und mit der Brühe sowie dem zurückbehaltenen Pilzwasser aufgießen. Mit Salz und Pfeffer würzen. 20 Minuten im offenen Topf sanft köcheln. Zum Schluss die gehackte Petersilie zugeben.

20 Minuten vorher: Für die Blätterteigvariante Suppe kräftig abschmecken und in feuerfeste Suppentassen füllen, mit Parmesan bestreuen und die Ränder der Tassen mit Eigelb bepinseln. Auf jede Tasse einen Blätterteigkreis – etwas größer als der Tassendurchmesser – legen und am Rand gut festdrücken. Mit Eigelb bepinseln und im vorgeheizten Ofen bei 200 °C 15–20 Minuten backen, bis die Blätterteighaube schön aufgegangen und goldbraun ist.

Wenn die Gäste da sind: Tassen wegen der Hitze eventuell mit einer Serviette umwickeln und servieren. Für die Variante mit Weißbrot die Brotscheiben im Toaster toasten und auf Suppenteller verteilen. Suppe kräftig abschmecken und über die Brotscheiben geben. Mit frisch geriebenem Parmesan bestreuen. Einige Tropfen Olivenöl darüberträufeln und servieren.

Mein Tipp:

Das Zitronenöl braucht ein bis zwei Tage, bis es gut durchgezogen ist. Denken Sie deshalb rechtzeitig daran, es anzusetzen.

Fünfgängemenü: Vorspeise

Estragon-Scones mit Räucherforelle & Grapefruit

Arbeitszeit: 15–20 Minuten
Schwierigkeitsgrad: leicht
Menge: 4–6 Portionen

- 1 Grapefruit
- 200 g Räucherforelle
- 1 Avocado, etwas Zitronensaft
- 50 g Blattsalat nach Wahl

Für das Zitronenöl:

- 160 ml fruchtiges Olivenöl
- abgeriebene Schale von 1 Bio-Zitrone

Für die Scones:

- einige Estragonzweige
- 260 g Weizenmehl
- 1 TL Zucker
- 1 EL Brotgewürz oder einige Fenchel-, Kümmel- und Koriandersamen sowie grob zerstoßener Pfeffer
- 1 TL Backpulver, ¼ TL Natron
- 1 TL Salz, 110 g Butter
- 80–120 ml Buttermilch
- Weizenmehl für die Arbeitsfläche
- 1 Ei zum Bestreichen

Für die Orangen-Senf-Creme:

- 1 Stück Ingwer (ca. 1 cm)
- 1 TL Senf
- je ½ TL abgeriebene Schale von 1 Bio-Orange und 1 Bio-Zitrone
- 1 EL Zitronensaft
- 1 Schuss Essig, Salz
- frisch gemahlener schwarzer Pfeffer
- 100 g Sauerrahm oder Joghurt

Dieser kleine Kuchen ist eigentlich ein schnelles Brot, das in England als süße Variante mit Clotted Cream und Marmelade zum Tee serviert wird. Ich verwende dieses Gebäck gerne für pikante Vorspeisen oder als Beilage zu Suppen.

Vorbereiten: 1–2 Tage vorher das Zitronenöl herstellen. Dafür das Olivenöl mit der abgeriebenen Zitronenschale mischen und bis zur Verwendung durchziehen lassen. Für die Scones den Backofen auf 200 °C vorheizen und ein Backblech mit Backpapier auslegen. Estragonblättchen fein hacken. In einer großen Schüssel Mehl, Zucker, Gewürze, Backpulver, Natron, Salz und Estragon vermischen. Die Butter in kleinen Stücken dazugeben, am besten zwischen den Fingern zu groben Streuseln zerbröseln. Nun die Buttermilch hinzufügen – dabei einen Esslöffel zurückbehalten – und alles rasch grob verkneten. Nicht zu gründlich kneten, da die Scones sonst zäh werden, der Teig darf ruhig noch etwas gemasert sein. Teig 1 ½–2 Zentimeter dick auf einer bemehlten Arbeitsfläche flach drücken, mit einer runden Ausstechform oder einem Glas Kreise mit etwa 5 Zentimetern Durchmesser ausstechen und auf das Backblech setzen. Das Ei mit dem zurückbehaltenen Esslöffel Buttermilch verquirlen, den Teig damit bestreichen und 15–20 Minuten backen.

Grapefruit auf beiden Seiten flach schneiden und mit einem Messer großzügig schälen, die weiße Haut dabei entfernen. Mit dem Messer vorsichtig die Filets herausschneiden und den Saft dabei auffangen. Für die Orangen-Senf-Creme Ingwer reiben, mit den anderen Zutaten vermischen und beiseitestellen.

20 Minuten vorher: Scones quer aufschneiden. Räucherforelle in Stückchen zerteilen, Avocados in Scheiben schneiden und mit etwas Zitronensaft bestreichen, damit sie nicht braun werden.

Wenn die Gäste da sind: Die unteren Hälften der Scones mit der Orangen-Senf-Creme bestreichen. Blattsalat in etwas Zitronenöl marinieren, das restliche Öl aufbewahren. Scones mit je einem Stück Räucherforelle, einer Scheibe Avocado, 2–3 Grapefruitfilets und dem marinierten Salat belegen. Die oberen Hälften der Scones auf der Schnittfläche mit Orangen-Senf-Creme bestreichen und auf den Salat setzen. Auf Tellern anrichten, eventuell etwas von der Senfcreme neben die Scones setzen.

Mein Tipp:

Wenn Sie den Fisch in einer mit hitzebeständiger Frischhaltefolie abgedeckten Auflaufform bei 100 °C auf mittlerer Einschubhöhe 20–25 Minuten ganz sanft garen, wird er noch zarter und saftiger.

Zander mit Kapern & Lardo auf Belugalinsen-Gemüse

Lardo – ein besonders gereifter, fetter Speck aus Italien – gibt dem Fisch einen sehr würzigen Geschmack und verhindert gleichzeitig, dass er trocken wird. Die bekanntesten Sorten kommen aus dem Aostatal und aus Colonnata in der Toskana. Lardo wird aus Rückenspeck von Landschweinen hergestellt, und zwar nur aus dem festen oberen Teil direkt unter der Schwarte. Da die Schweine wesentlich schwerer und fettreicher als übliche Mastschweine sind, ist dieser Teil etwa fünf Zentimeter dick. Die Herstellung von Lardo variiert regional. Üblicherweise wird der Speck in große Stücke geschnitten, in reichlich handgeschöpftem Salz gewälzt und lagenweise im Wechsel mit üppigen Schichten aus Kräutern und Gewürzen in Trögen aus Carrara-Marmor drei bis sechs Monate gereift. Guter Lardo ist weiß oder leicht rosig gefärbt, von delikatem Geruch, leicht salzig und etwas süßlich mit einem an Walnüsse erinnernden Geschmack. Die Konsistenz sollte fest und zugleich zart schmelzend sein.

Vorbereiten: Für das Linsengemüse das Wurzelgemüse schälen und in kleine Würfel schneiden. Gewürze zusammen in einem Mörser fein zerstoßen. Linsen waschen. Schalotten und Knoblauch schälen und fein hacken. Petersilienblättchen hacken. Das Olivenöl und die Butter in einem Topf erhitzen und die Schalotten darin 2–3 Minuten anbraten. Gemüsewürfel, Gewürze, Petersilie und Knoblauch dazugeben und kräftig anbraten. Linsen dazugeben, mit dem Wein ablöschen und der Brühe oder dem Wasser aufgießen. Das Lorbeerblatt dazugeben und das Gemüse etwa 20 Minuten schwach köcheln lassen. Mit dem Balsamico und der Sojasauce würzen. Eventuell etwas Butter in den Linsen schmelzen lassen und mit Salz und Pfeffer abschmecken.

2–3 Stunden vorher: Eine Auflaufform großzügig mit weicher Butter fetten, die Zanderfilets hineinlegen und mit dem Lardo bedecken. Kapern, abgeriebene Zitronenschale, Thymianblättchen, Fenchel und Koriander darüberstreuen und pfeffern. Den Wein und den Orangensaft in die Auflaufform gießen und den Fisch mit etwas gutem Oliven- oder Nussöl beträufeln.

Wenn die Gäste da sind: Auflaufform in die mittlere Schiene des Backofens schieben und bei 150 °C etwa 10 Minuten garen. Linsengemüse erwärmen, auf Teller anrichten, den Fisch darauf setzten und mit dem restlichen Saft beträufeln.

Arbeitszeit: 20–25 Minuten
Schwierigkeitsgrad: leicht
Menge: 4–6 Portionen

Für das Linsengemüse:

- 70 g Wurzelgemüse (z. B. Karotten, Knollensellerie, Petersilienwurzeln, Pastinaken)
- je ½ TL Fenchel-, Koriander- und Kreuzkümmelsamen sowie Wacholderbeeren
- 150 g Belugalinsen
- 2 Schalotten
- 1 Knoblauchzehe
- einige Petersilienstängel
- 1 EL Olivenöl
- 1 EL Butter plus etwas Butter zum Verfeinern
- 1 Schuss trockener Weißwein
- 500 ml Geflügelbrühe oder Wasser
- 1 Lorbeerblatt
- je 1–2 EL Balsamico und Sojasauce
- Salz
- frisch gemahlener schwarzer Pfeffer

Für den Zander:

- 600 g Zanderfilet ohne Haut
- 4 Scheiben Lardo
- 4 TL Kapern
- ½ TL abgeriebene Schale von 1 Bio-Zitrone
- 2 Thymianzweige
- je 1 Prise gemahlene Fenchel- und Koriandersamen
- 80 ml trockener Weißwein
- 50 ml Orangensaft
- Olivenöl oder Nussöl zum Beträufeln
- Butter für die Form

Mein Tipp:

Dieses Gericht braucht zwar ein wenig Vorbereitungszeit und die Kalbswangen sollten am besten über Nacht mariniert werden, dafür kann man sich als Gastgeber später entspannt zurücklehnen.

Fünfgängemenü: Fleisch

Süß-sauer marinierte Kalbswangen mit Pistazien & Süßkartoffel-Pancakes

Arbeitszeit: 20–25 Minuten
Schwierigkeitsgrad: mittel
Menge: 4–6 Portionen

12 Kalbswangen (beim Metzger vorbestellen)
100 g brauner Zucker
500 ml Gemüse- oder Hühnerbrühe
150 ml Sojasauce
100 ml Balsamico
125 ml roter Portwein
100 ml Orangensaft
5 Schalotten
5 Knoblauchzehen
1 Stück Ingwer (3 cm)
1 Chilischote
2 Lorbeerblätter
4 Gewürznelken
1 Sternanis
100 g Pistazien
130 g Cranberrys, Berberitzen oder Rosinen
1 EL Kartoffelstärke zum Binden
Öl zum Braten

Für die Pancakes:
1 große Süßkartoffel (für etwa 180 g Süßkartoffelpüree)
Salz
25 g Butter
180 ml Milch
2 Eier
90 g Weizenmehl
1½ TL Backpulver
Salz
frisch gemahlener schwarzer Pfeffer
frisch geriebene Muskatnuss
Olivenöl zum Braten

Lassen Sie sich von den großen Mengen Zucker, Essig und Sojasauce nicht verunsichern! Die Süße verwandelt sich in herrliches Karamell-Aroma, die Säure wird angenehm leicht und das Salzige der Sojasauce sorgt für einen ausgeglichenen Salzgehalt.

Vorbereiten: Für die Kalbswangen Zucker in einem kleinen Topf bei schwacher Hitze 5–10 Minuten bernsteinfarben karamellisieren. Brühe, Sojasauce, Balsamico, Portwein und Orangensaft angießen und so lange köcheln lassen, bis sich der Zucker gelöst hat. Schalotten und Knoblauch schälen und in Scheiben schneiden, Ingwer schälen und fein hacken oder reiben. Zusammen mit Schalotten und Knoblauch 5–10 Minuten in etwas Öl anbraten und zur Marinade geben. Chilischote halbieren, Samen und weiße Scheidewände entfernen. Chili zusammen mit Lorbeerblatt, Nelken und Sternanis in die karamellisierte Marinade legen und etwas abkühlen lassen. Die Kalbswangen mindestens 3 Stunden oder über Nacht in der Marinade ziehen lassen. Dann Kalbswangen aus der Marinade nehmen und etwas abtupfen. In Öl rundherum 2–3 Minuten kräftig anbraten und mit der Marinade ablöschen. Im Backofen bei 170 °C 2½–3 Stunden butterweich schmoren. 20 Minuten vor Ende der Garzeit Pistazien und Cranberrys, Berberitzen oder Rosinen dazugeben. Ganz zum Schluss zum Binden eventuell einen in Wasser aufgelösten Esslöffel Kartoffelstärke mit dem Schneebesen in die Sauce rühren. Für die Süßkartoffel-Pancakes die Süßkartoffeln schälen und in kleine Würfel schneiden. In wenig Salzwasser zugedeckt je nach Größe ca. 10 Minuten kochen. Kochwasser abgießen. Butter schmelzen, Süßkartoffeln pürieren und mit Butter, Milch und den Eiern verquirlen. Mehl, Backpulver, Salz, Pfeffer und Muskatnuss vermischen und vorsichtig unter die Süßkartoffeln heben.

20 Minuten vorher: Ofen auf 80 °C vorheizen. In einer großen, flachen Pfanne etwas Olivenöl erhitzen und je 1 Esslöffel von der Süßkartoffelmasse in die Pfanne geben. Eventuell mit dem Löffelrücken etwas flach drücken und zu Fladen formen. Die Pancakes bei schwacher Hitze auf beiden Seiten je 1–2 Minuten goldbraun backen. Auf Küchenpapier abtropfen lassen und im Backofen warm halten.

Wenn die Gäste da sind: Kalbswangen aufwärmen und pro Portion mit 2–3 Pancakes servieren.

Mein Tipp:
Servieren Sie die Nockerln mit Vanillemilch oder mit Preiselbeermarmelade – oder, wenn Sie sich nicht festlegen möchten, halbe-halbe.

Fünfgängemenü: Dessert

Soufflé à la Salzburger Nockerln

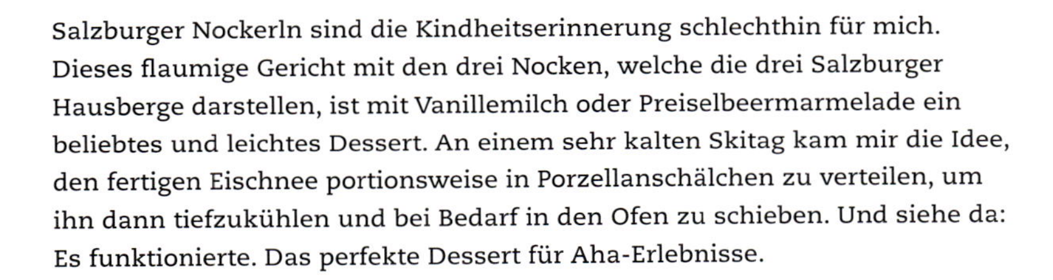

Salzburger Nockerln sind die Kindheitserinnerung schlechthin für mich. Dieses flaumige Gericht mit den drei Nocken, welche die drei Salzburger Hausberge darstellen, ist mit Vanillemilch oder Preiselbeermarmelade ein beliebtes und leichtes Dessert. An einem sehr kalten Skitag kam mir die Idee, den fertigen Eischnee portionsweise in Porzellanschälchen zu verteilen, um ihn dann tiefzukühlen und bei Bedarf in den Ofen zu schieben. Und siehe da: Es funktionierte. Das perfekte Dessert für Aha-Erlebnisse.

Arbeitszeit: 10–15 Minuten
Schwierigkeitsgrad: mittel
Menge: 4–6 Portionen

Für Vanillemilch:
½ Vanilleschote
125 ml Milch
20 g Butter

Für Preiselbeermarmelade:
etwas Butter für die Förmchen
4–6 EL Preiselbeermarmelade

Für die Nockerln:
7 Eier
1 Prise Salz
70 g Zucker
abgeriebene Schale von ½ Bio-Zitrone
1 EL Mehl Typ 550
1 EL Speisestärke
Puderzucker zum Bestäuben

Vorbereiten: Den Backofen auf 180 °C vorheizen.

Für Vanillemilch die Vanilleschote der Länge nach halbieren, das Mark mit einem Messer herauskratzen. Die Milch in 4–6 flache Auflaufförmchen gießen, Vanillemark dazugeben und die Butter in Flöckchen darüber verteilen. In die mittlere Schiene des Ofens schieben und schmelzen lassen.

Für Preiselbeermarmelade die Förmchen mit Butter ausstreichen und je 1 Esslöffel Preiselbeermarmelade darin verteilen.

Für die Nockerln Eier trennen. Eiweiße und Salz unter ständiger Zugabe von Zucker zu festem Schnee schlagen. 5 Eigelbe mit der abgeriebenen Zitronenschale glatt rühren. Mehl und Stärke miteinander vermischen, zusammen mit den Eigelben über den Eischnee geben und vorsichtig unterheben. Mit einem Servierlöffel oder einer Teigkarte aus der Masse für jedes Förmchen je drei Nocken abstechen und nebeneinander in die heiße Vanillemilch oder auf die Preiselbeeren setzen. Förmchen mindestens 2–3 Stunden einfrieren.

Wenn die Gäste da sind: Nockerln noch gefroren bei 170 °C 20–30 Minuten im Ofen goldbraun backen. Mit Puderzucker bestäuben und sofort servieren.

Dazu & Darüber

Auf den folgenden Seiten finden Sie die Beilagen, Dressings, Saucen und andere Zubereitungen, auf die in den Rezepten verwiesen wird. Und noch einiges mehr.

Dressings & Saucen

Zitronendressing

6 EL Olivenöl
3 EL Zitronensaft
3 EL Himbeer- oder Sherryessig
1 EL Dijon- oder anderer Senf
Salz
frisch gemahlener schwarzer Pfeffer

Alle Zutaten in ein sauberes Schraubdeckelglas füllen und gut durchschütteln.

Balsamico-Honig-Dressing

2 EL Balsamico
50 ml Brühe
1 EL Honig
4 EL Olivenöl
1 TL Senf

Alle Zutaten in ein sauberes Schraubdeckelglas füllen und gut durchschütteln.

Orangen-Senf-Dressing

100 ml Orangensaft
100 ml Weißwein- oder Apfelessig
100 ml Nuss- oder Olivenöl
1 TL Dijonsenf
1 TL fein gehackter Estragon

Alle Zutaten in ein sauberes Schraubdeckelglas füllen und gut durchschütteln.

Avocadodressing

½ Avocado
200 g Joghurt
je ½ TL Koriander- und Kreuzkümmelsamen
frischer Koriander
Saft von 1 Zitrone oder Limette
Salz
frisch gemahlener schwarzer Pfeffer
3 EL Essig
6 EL Olivenöl

Avocado mit den restlichen Zutaten pürieren. Eventuell noch etwas Brühe, Orangensaft oder Essig hinzufügen, wenn das Dressing zu dick ist.

Tomatendressing

3–4 sonnengetrocknete Tomaten mit 6 EL Öl
50 ml Brühe
3 EL Balsamico oder Rotweinessig
etwas fein gehacktes Basilikum
frisch gemahlener schwarzer Pfeffer

Tomaten waschen, fein hacken und mit den restlichen Zutaten in ein sauberes Schraubdeckelglas füllen. Gut durchschütteln.

Zitronenöl

160 ml fruchtiges Olivenöl
abgeriebene Schale von 1 Bio-Zitrone

Olivenöl mit der abgeriebenen Zitronenschale mischen und 1–2 Tage durchziehen lassen.

Ketchup & Relish

Mein hausgemachtes Ketchup

Aus der Ambition, alles selbst zu machen, entstand dieses Rezept. Einmal ein selbst gemachtes Ketchup probiert, werden Sie nie mehr zum Convenienceprodukt greifen. In sterilen Einmachgläsern hält sich das Ketchup gut drei Monate im Kühlschrank und ist ein nettes Mitbringsel.

1 kg frische Tomaten
2 Stangen Sellerie
100 g Knollensellerie
1 kleine Karotte
1 große Zwiebel
4 Knoblauchzehen
1 kleines Stück Ingwer
200 g getrocknete Tomaten in Öl
1–2 Rosmarin- und Thymianzweige
1 EL brauner Zucker
Tomatenmark
200 ml Rotwein
½ Zimtstange
50 g Kapern
2 EL Essig
2 EL Sojasauce
½ TL Fenchel-, Koriander-, Kreuzkümmel- und Senfsamen
Salz
frisch gemahlener schwarzer Pfeffer

Sellerie, Karotten, Zwiebeln, Knoblauch und Ingwer schälen und hacken. Einen Bräter erhitzen und eingelegte Tomaten mit dem Öl, Zwiebeln, Knoblauch, Ingwer, Kräutern, Gewürzen und Gemüse sehr kräftig anbraten. Mit einem Esslöffel braunem Zucker karamellisieren. Tomaten hinzufügen und 5–10 Minuten mitschmoren. Tomatenmark dazugeben, kurz mitrösten und mit dem Rotwein ablöschen. 20–30 Minuten sanft köcheln lassen und hin und wieder umrühren. Mit Sojasauce, Essig, Salz und Pfeffer würzen und durch ein Sieb streichen. Backofen auf 100 °C vorheizen. Gläser mit kochend heißem Wasser ausspülen und das Ketchup einfüllen. Die Gläser luftdicht verschließen und auf ein tiefes Blech oder in eine Auflaufform stellen. Blech auf die mittlere Schiene des Backofens schieben, 2–3 Zentimeter hoch mit Wasser auffüllen und eine Stunde einkochen. Abkühlen lassen und im Kühlschrank aufbewahren.

Cranberry- oder Preiselbeerrelish

75 g Zucker
250 g Cranberries oder Preiselbeeren
Saft und abgeriebene Schale von 1 Bio-Orange
160 ml Johannisbeersaft
etwas gemahlener Piment
1 Zimtstange
1 Gewürznelke

Zucker bei schwacher Hitze karamellisieren lassen. Cranberries oder Preiselbeeren, Orangensaft, Orangenschale sowie Johannisbeersaft und Gewürze zugeben. Aufkochen und 3–5 Minuten einkochen lassen.

Pesto

Für Basilikumpesto:

1 Handvoll Basilikumblättchen
1–2 Knoblauchzehen
1 Handvoll Pinienkerne
200–300 ml mildes Olivenöl
1 Handvoll geriebener Parmesan
Saft und etwas abgeriebene Schale von 1 Bio-Zitrone
Salz
frisch gemahlener schwarzer Pfeffer

Für Koriander-Cashew-Pesto:

1 Handvoll frischer Koriander
1 Handvoll Cashewkerne
200–300 ml Erdnuss- oder Sonnenblumenöl
Salz
frisch gemahlener schwarzer Pfeffer

Für Rucola-Walnuss-Pesto:

2 Handvoll Rucola
1 Handvoll Walnüsse
1 Handvoll geriebener Pecorino
200–300 ml mildes Olivenöl
Salz
frisch gemahlener schwarzer Pfeffer
Saft und 1 TL abgeriebene Schale von 1 Bio-Orange

Kräuter waschen, trocken schütteln und grob hacken. Mit allen anderen Zutaten in einem Mörser oder mit einem Mixer zu einer feinen Paste verarbeiten. Nach Bedarf noch etwas Olivenöl zugeben, um eine geschmeidige Paste zu erhalten.

Beilagen

Gebratene Polenta

500 ml Brühe oder Wasser
3 EL Butter, 200 g Polenta
frisch gemahlener schwarzer Pfeffer
frisch geriebene Muskatnuss
Salz
3 EL gehacktes Basilikum
evtl. etwas Milch nach Bedarf
Olivenöl zum Braten

Brühe oder Wasser aufkochen, Butter und Polenta einrühren. Mit Pfeffer, Muskatnuss und Salz würzen. Polenta 20 Minuten ziehen lassen, dann Basilikum hineinrühren. Je nach Konsistenz noch etwas Milch oder Wasser dazugeben. Die Polenta sollte cremig, aber recht fest sein. Am besten in eine eckige Silikonform füllen, abkühlen lassen, in Scheiben schneiden und in Olivenöl auf beiden Seiten 5–8 Minuten goldbraun braten.

Couscous

200 g Couscous
1 EL Butter, 2 EL Olivenöl
1 TL Salz, 1–2 TL Ras EL Hanout
160 ml Orangensaft
1 Handvoll Pistazien

Couscous, Butter, Olivenöl, Salz, Ras EL Hanout und Orangensaft in eine Schüssel geben. 350 ml Wasser erhitzen und soviel in die Schüssel geben, bis der Couscous gut bedeckt ist. Umrühren und abdampfen lassen. Nach 5–10 Minuten Pistazien hinzufügen und gut vermischen.

Sonnentomaten-Focaccia

15 g frische Hefe oder
7 g Trockenhefe, 1 EL Zucker
650 g Mehl (Typ 00 oder 405) plus
Mehl für die Arbeitsfläche
Eine Handvoll sonnengetrocknete
Tomaten in Öl
2–3 EL Kräuter nach Wahl
evtl. grobes Meersalz, Thymian,
Rosmarin, Oliven
etwas abgeriebene Schale von
1 Bio-Zitrone zum Bestreuen

Hefe, Zucker, zwei Esslöffel des Mehls und 500 ml Wasser in einer Schüssel verrühren. 8–10 Minuten an einem warmen Ort gehen lassen, bis kleine Bläschen an den Rändern erscheinen. Getrocknete Tomaten hacken und das Öl zurückbehalten. Restliches Mehl, Salz, getrocknete Tomaten, Kräuter und etwa 100 ml des Tomatenöls in eine große Schüssel geben und in der Mitte eine Mulde formen. Hefemischung in die Mulde geben und etwa 5 Minuten zu einem geschmeidigem Teig kneten. Mit einem Küchentuch abdecken, eine Stunde gehen lassen und noch einmal durchkneten. Backofen auf 220 °C vorheizen. Den Teig auf einer mit Mehl bestäubten Arbeitsfläche nicht zu dünn ausrollen und auf ein mit Backpapier belegtes Blech legen. Mit etwas Tomatenöl bestreichen und mit den Fingerkuppen Löcher in Teig drücken. Eventuell mit etwas grobem Meersalz und Thymian oder Rosmarin, Oliven oder Zitronenschale bestreuen. Im Ofen 10–15 Minuten backen.

Tipp: Der Teig kann am Vortag zubereitet und abgedeckt im Kühlschrank aufbewahrt werden. Am nächsten Tag wird er nochmals durchgeknetet und muss dann weitere 30 Minuten gehen.

Maisbrot

Alle lieben mein Maisbrot. Unterschiedliche Gewürze, geriebener Käse, Maiskörner oder Kräuter stellen dieses Rezept immer wieder in ein neues Glanzlicht.

300 g Maismehl
150 g Weizenmehl
1 EL Zucker
2 TL Backpulver
2½ TL Salz
2 Eier
etwa 600 ml Buttermilch
125 g Butter oder 125 ml Olivenöl
1 EL Brotgewürz, Currymischung
oder Gewürze nach Belieben
etwas Milch nach Bedarf

Backofen auf 180 °C vorheizen. Butter in einem Topf schmelzen. Mais- und Weizenmehl, Zucker, Backpulver, Salz und Gewürze mischen. Eier, Buttermilch, flüssige Butter oder Öl vermengen. Unter die Mehlmischung rühren, bei Bedarf noch mehr Buttermilch oder Milch zugeben, bis der Teig zähflüssig ist. In eine Kastenform füllen und etwa 25 Minuten im Ofen backen.

Dies & Das

Karamellisierter Ingwer

250 g Ingwer
400 g Zucker

Ingwer schälen und in feine Scheiben schneiden. Mit Zucker und 400 ml Wasser zum Kochen bringen und 30–45 Minuten bei schwacher Hitze köcheln, bis der Ingwer weich ist. Noch heiß in Gläser füllen und bis zur Verwendung an einem kühlen Ort lagern.

Tipp: **Eine Scheibe kandierten Ingwer mit etwas Sirup in ein Sektglas geben und mit Prosecco oder Frizzante auffüllen.**

Geröstete Maronen

Wer sich die Arbeit nicht antun möchte, kauft Maronen am Maronistand oder im Supermarkt. Dort gibt es mittlerweile auch die vakuumverpackte Variante. Ich finde jedoch, dass die selbst gerösteten besser schmecken.

So geht es: Maronen mit einem scharfen Messer kreuzweise einschneiden und 1 Stunde oder über Nacht in Wasser legen. Ofen auf 180 °C vorheizen und die Maronen auf ein mit Backpapier belegtes Backblech legen. Ruhig ein wenig Wasser mit auf das Blech geben. Das erzeugt mehr Dampf, wodurch sich die Maronen besser öffnen und später leichter schälen lassen. 20–25 Minuten im Ofen backen oder so lange, bis sie von selbst aufbrechen. Etwas abkühlen lassen und die Maronen schälen.

Gemüse- oder Hühnerbrühe

Ich habe immer einen Topf mit leicht siedendem Wasser auf dem Herd stehen, in den alle meine Gemüse- und Kräuterabschnitte wandern, die beim Kochen übrig bleiben. So bereite ich ganz nebenbei immer eine Gemüsebrühe zu. Sie kocht sich praktisch von alleine und ist schnell gemacht! Sie können jegliche Gemüsereste für eine Suppe verwenden: Karotten, Sellerie, Lauch, Zwiebeln, Petersilienwurzel, Pastinaken, Tomaten, Stangensellerie, usw.

So geht es: Gemüse mit kaltem Wasser aufsetzen, so ist voller Geschmack garantiert. Für Hühnerbrühe ein Suppenhuhn dazugeben. Zusammen mit Lorbeerblatt, Petersilienstängeln oder anderen Kräutern, Koriandersamen, Fenchelsamen und Pfefferkörnern bei schwacher Hitze 1–2 Stunden ziehen lassen. Zum Schluss eventuell etwas salzen und abgekühlt portionsweise einfrieren. Im Kühlschrank hält sich Hühnerbrühe zwei bis drei, Gemüsebrühe drei bis sechs Tage.

Rezeptregister alphabetisch

Rezeptregister nach Gerichten

Autorin Bernadette Wörndl

Eigentlich war es die Kunst, die die 1981 in Salzburg geborene Bernadette Wörndl zum Essen brachte – oder vielleicht nicht ganz. Denn schon im Alter von drei Jahren zog sie zusammen mit ihrer Großmutter, der besten Köchin der Welt, einen Strudelteig nach dem anderen. Wenn andere Kinder ein Baumhaus bauen wollten, verlief sie sich lieber in die Küche, um Kuchen zu backen.

Doch so schnell sollte sie ihre Kochaffinität noch nicht ausleben. Zunächst widmete sie sich der Kunst, machte einen Abschluss an der Textilfachschule in Salzburg und zog dann nach Wien, um sich dort an der Wiener Kunstschule weiter kreativ auszutoben. Dort entwickelte sich das Thema »food art« schon bald zu ihrer zentralen künstlerischen Beschäftigung und sie setzte sich immer mehr mit den materiellen und sozio-kulturellen Aspekten des Themas »Essen« auseinander.

Erste praktische Erfahrungen in der Profi-Küche holte sie sich bereits während ihres Studiums bei etlichen Catering-Jobs. Während eines Auslandsjahrs in San Francisco, wo sie in einer Kochschule assistierte, nahm ihre Vorstellung von ihrem Traumberuf Formen an. Gefunden hat sie ihn im Jahr 2005 in dem kleinen Kochbuch- und Gewürzladen »Babette's Spice and Books for Cooks« in der Nähe des Wiener Naschmarkts, in dem sie nach ihrem Geschmack neue und innovative kulinarische Genüsse komponiert, Traditionelles neu interpretiert und Geschmäckern, Gewürzen oder Kochtechniken aus anderen Ländern eine neue Note gibt. Ihre Kochkunst wird von den Gästen sehr geschätzt und mehrfach von lokaler und internationaler Presse gelobt.

Mehr über Bernadette Wörndl unter
www.bernadettewörndl.at

Fotografin Susanne Spiel

Susanne Spiel, 1973 in Wien geboren, entdeckte ihre Liebe zur Fotografie nicht wie so viele mit der ersten geschenkten Kamera, sondern mit der Fotografenlehre. Trotz ihrer neu entdeckten Leidenschaft orientierte sie sich nach einer Pause bald in Richtung Grafik und Typografie, bis sie schließlich ganz in diesem Bereich tätig war. Ihre eigentliche Liebe galt jedoch immer der Fotografie. Bilder mit Geschichten, erzählt in unterschiedlichsten Lichtwelten, haben Susanne Spiel immer schon fasziniert. Beeinflusst sieht sie sich von Herb Ritts, Javier Vallhonrat und Horst P. Horst ebenso wie von Erwin Olaf, den sie als genialen Geschichtenerzähler schätzt.

Seit 2003 findet man sie als Werbe-, Beauty- und Modefotografin wieder im Studio oder »on Location«, wo sie unter anderem für Harper's Bazaar, Elle, Marie Claire, Madame Figaro und andere Magazine und Agenturen Motive ins rechte Licht setzt. Zur Food-Fotografie kam sie über verschiedene Kaffee-Shootingaufträge. Sie liebt dieses Steckenpferd ebenso wie das Reisen und Arbeiten mit Menschen. Susanne Spiels Wertschätzung für gute, möglichst naturbelassene Lebensmittel spiegelt sich in ihrer lebendigen Fotografie wieder, die das Wesentliche ohne viel Ablenkung zeigt. Für sie ist Essen Leben – in jedem Sinn. Seien es Geschichten über die Herkunft der Produkte, über die Menschen, die sie zubereiten oder die sie zu sich nehmen.

Mehr über Susanne Spiel unter
www.susannespiel.com

Impressum

Unser Verlagsprogramm finden Sie unter www.christian-verlag.de

Konzept und Projektleitung: Florentine Schwabbauer
Text, Rezepte und Illustrationen: Bernadette Wörndl, www.bernadettewörndl.at
Produktmanagement: Bettina Snowdon, www.bsnowdon.de
Text- und Rezeptredaktion: Bettina Snowdon
Korrektur: Alexandra Michelis
Layout und Satz: Manuela Tippl, www.manuelatippl.at
Umschlaggestaltung: Manuela Tippl
Fotografie: Susanne Spiel, www.susannespiel.com
Foodstyling: Bernadette Wörndl
Herstellung: Bettina Schippel
Repro: Repro Ludwig, Zell am See
Druck und Bindung: Printer Trento

Printed in Italy

Die Deutsche Nationalbibliothek verzeichnet diese Publikation in
der Deutschen Nationalbibliografie; detaillierte bibliografische Daten
sind im Internet über http://dnb.d-nb.de abrufbar.

© 2011, Christian Verlag GmbH, München
1. Auflage 2011
Alle Rechte vorbehalten.

ISBN 978-3-88472-892-5

Alle Angaben in diesem Werk wurden von der Autorin sorgfältig
recherchiert und auf den aktuellen Stand gebracht sowie vom Verlag
geprüft. Für die Richtigkeit der Angaben kann jedoch keinerlei Haftung
übernommen werden. Für Hinweise und Anregungen sind wir
jederzeit dankbar. Bitte richten Sie diese an:

Christian Verlag
Postfach 400209
80702 München

Ebenfalls erhältlich...

ISBN 978-3-86244-047-4

ISBN 978-3-88472-898-7

ISBN 978-3-88472-893-2

ISBN 978-3-88472-897-0

www.christian-verlag.de